21 世纪国际商务教材教辅系列

编写委员会

21世纪国际商务教材教辅系列

总主编　余世明

INTERNATIONAL TRADE PRACTICE

国际贸易实务练习题及参考答案

主编　余世明

暨南大學出版社
JINAN UNIVERSITY PRESS
中国·广州

图书在版编目（CIP）数据

国际贸易实务练习题及参考答案/余世明主编. —广州：暨南大学出版社，2022.12
21世纪国际商务教材教辅系列
ISBN 978-7-5668-3493-5

Ⅰ.①国… Ⅱ.①余… Ⅲ.①国际贸易—贸易实务—职业教育—教学参考资料 Ⅳ.①F740.4

中国版本图书馆CIP数据核字(2022)第165003号

国际贸易实务练习题及参考答案
GUOJI MAOYI SHIWU LIANXITI JI CANKAO DA'AN
主　编：余世明

出 版 人：张晋升
项目统筹：张仲玲　武艳飞
责任编辑：陈绪泉
责任校对：刘舜怡
责任印制：周一丹　郑玉婷

出版发行：暨南大学出版社（511443）
电　　话：总编室（8620）37332601
　　　　　营销部（8620）37332680　37332681　37332682　37332683
传　　真：（8620）37332660（办公室）　37332684（营销部）
网　　址：http://www.jnupress.com
排　　版：广州市天河星辰文化发展部照排中心
印　　刷：广东信源文化科技有限公司
开　　本：787mm×1092mm　1/16
印　　张：10.25
字　　数：262千
版　　次：2022年12月第1版
印　　次：2022年12月第1次
定　　价：29.80元

目　录

编写说明

“国际贸易实务”是各种层次的国际贸易专业及其他专业的主干课程。学好“国际贸易实务”对学生今后从事国际贸易业务活动起着关键的作用。我国越来越重视在高校和职业院校教学中培养学生的职业技能。“国际贸易实务”是一门实践性相当强的课程。在教学中，我们深深体会到动手能力的培养对学生掌握国际贸易实务知识的重要性。虽然“国际贸易实务”教材版本多，各有侧重，各有特色，但缺少一本融基本知识和操作训练为一体的学习训练辅导书。本书编写的目的就是希望在此方面寻求突破，让学生在掌握好基本知识、基本原理的基础上，提高业务操作技能水平和综合分析能力。

本书的编写具有如下特点：

（1）内容新。以最新的《国际贸易术语解释通则® 2020》（简称《2020 年通则》）和《跟单信用证统一惯例——2007 年修订本，国际商会第 600 号出版物》（简称《UCP600》）等国际贸易惯例进行解释，采用的单证材料和案例也是近几年外贸公司的实际业务材料，力求贴近现实。

（2）题型全。练习题中包括了名词解释、单项选择题、多项选择题、判断题、计算题、操作题和案例分析题，保证学生得到全面的训练。

（3）解答全。书中的练习题全部配有参考答案以及细致的分析解答，方便学生理解。

（4）重操作。书中编写了一定比例的操作题，务求使学生在理论学习的基础上，最大限度地提高动手操作能力。

本书是《国际贸易实务及案例》的配套用书，不仅可供职业院校国际贸易专业和其他相关财经类专业学生学习“国际贸易实务”课程使用，而且可作为涉外各类职业技能等级培训和考证、各类干部培训国际实务基本知识的参考书。

本书在编写过程中参考了大量的资料，特别是现行“国际贸易实务”各版本的教材，还引用了很多外贸公司的实际业务材料，在此谨向作者和外贸公司的经理、业务员、单证员表示衷心的感谢！彭月嫦、余媛、廖慧琳、余德逸等同志参与了编写工作，在此也一并表示感谢。由于编者水平有限，错误之处敬请广大读者批评指正。

编　者

2022 年 2 月

第一章
贸易术语

一、练习题

（一）名词解释

1. 贸易术语　　2. 国际贸易惯例　　3. FOB
4. 象征性交货　　5. FCA

（二）单项选择题

1. 从国际贸易历史上看，最早使用的贸易术语是（　　）。
   A. FOB　　B. CFR
   C. CIF　　D. FCA
2. 有关贸易术语的国际贸易惯例中，世界各国应用最广的是（　　）。
   A.《1932 年华沙—牛津规则》
   B.《2020 年通则》
   C.《1941 年美国对外贸易定义修订本》
   D.《联合国国际货物销售合同公约》
3.《1932 年华沙—牛津规则》是国际法协会专门为解释（　　）合同而制定的。
   A. FOB　　B. CFR
   C. CIF　　D. FCA
4. 在《2020 年通则》解释的 11 种贸易术语中，目前我国企业对外贸易中使用最多的一种是（　　）。
   A. FOB　　B. CFR
   C. CIF　　D. FCA
5. 在交货地点的解释上，《1941 年美国对外贸易定义修订本》中对（　　）的解释与《2020 年通则》中对 FOB 的解释相同。
   A. FOB Under Tackle　　B. FOB
   C. FOB Vessel　　D. FOB Liner Terms
6. 我国某外贸公司拟从美国纽约进口货物一批，以 FOB 报价对美商报价。为了避免对 FOB 贸易术语理解的异议，最稳妥的报价应采用（　　）。
   A. FOB New York　　B. FOB Vessel New York
   C. FOB Guangzhou　　D. FOB New York（Incoterms 2020）
7. 按照《2020 年通则》的规定，以 FOB 贸易术语的变形 FOBST 成交，买卖双方当

（　　）风险转移。

A. 货物在卖方仓库启运后　　B. 货物在装运港装上船后

C. 货物在目的港卸货后　　D. 货物在装运港装船前

8. 按照《2020 年通则》的规定，就卖方承担的基本义务而言，在办理手续方面，CFR 比 FOB 增加了（　　）。

A. 卖方负责办理出口手续

B. 卖方负责办理租船订舱的运输手续

C. 卖方负责办理保险手续

D. 卖方负责办理商品检验手续

9. CFR 吊钩下交货是指卖方承担将货物从船舱吊起一直卸到吊钩所及之处（码头上或驳船上）的费用。当船舶不能靠岸时，驳船费用由（　　）负担。

A. 卖方　　B. 买方

C. 船方　　D. 买卖双方各负一半

10. 象征性交货意指卖方的交货义务是（　　）。

A. 不交货　　B. 既交单又实际性交货

C. 凭单交货　　D. 实际性交货

11. 按照《2020 年通则》的规定，以 CIF Ex Ship's Hold 贸易术语成交，其交货类型属于（　　）。

A. 内陆交货类　　B. 装运港船上交货类

C. 目的港交货类　　D. 目的地交货类

12. 按照《2020 年通则》的规定，下列 CIF 贸易术语变形中，不需要卖方承担卸货费用的是（　　）。

A. CIF Liner Terms Singapore　　B. CIF Landed Singapore

C. CIF Ex Ship's Hold Singapore　　D. CIF Ex Tackle Singapore

13. 按照《2020 年通则》的规定，在以 CIF 和 CFR 术语成交的条件下，货物运输保险分别由卖方和买方办理，货物从装运港至目的港运输途中灭失和损坏的风险（　　）。

A. 前者由卖方承担，后者由买方承担

B. 均由卖方承担

C. 均由买方承担

D. 前者由买方承担，后者由卖方承担

14. CIF Ex Ship's Hold 与 DAP 相比，买方（　　）。

A. 承担的风险前者较大　　B. 承担的风险两者相同

C. 承担的风险后者较大　　D. 不承担任何风险

15. 某外贸公司对外出口以 CFR 报价。如果该公司实际交货地点是货运站，在买卖双方的基本义务没有重大改变的前提下，贸易术语应采用（　　）为宜。

A. FCA　　B. CIP

C. CPT　　D. DDP

16. 下列贸易术语中卖方不负责办理出口结关手续并支付有关费用的是（　　）。

A. FCA　　B. FAS　　C. FOB　　D. EXW

17. 下列贸易术语中买方不负责办理进口结关手续并支付有关费用的是（　　）。

A. DAP　　B. DPU

C. FAS　　D. DDP

18. FOB、CFR、CIF、FAS 贸易术语仅适用于（　　）运输方式。

A. 陆上　　B. 航空

C. 水上　　D. 邮包

19. 根据《2020 年通则》的解释，以（　　）贸易术语成交签订的合同属于到达合同。

A. FOB　　B. CIF

C. CFR　　D. DDP

20. 根据《2020 年通则》的解释，以（　　）贸易术语成交，卖方不保证将货物送达目的港或目的地。

A. DPU　　B. DAP

C. CIF　　D. DDP

21. 根据《2020 年通则》的解释，D 组的贸易术语不包含（　　）贸易术语。

A. DPU　　B. DAP

C. DAT　　D. DDP

22. 按照《2020 年通则》的规定，由卖方负责办理货物运输保险，并支付保险费的贸易术语的是（　　）。

A. CFR　　B. CIF

C. FOB　　D. FOB Liner Terms

23. 按照《2020 年通则》的规定，以 CIF 贸易术语成交，若合同没有约定保险险别，卖方可选择的最低险别是（　　）。

A. 一切险　　B. 平安险

C. 水渍险　　D. 战争险

24. 按照《2020 年通则》的规定，以 CIP 贸易术语成交，若合同没有约定保险险别，卖方可选择的最低险别是（　　）。

A. 一切险　　B. 平安险

C. 水渍险　　D. 战争险

25. 按照《2020 年通则》的规定，下列贸易术语中由卖方负责办理进口结关手续并支付有关费用的是（　　）。

A. FAS　　B. DPU

C. EXW　　D. DDP

（三）多项选择题

1. 在国际贸易中使用贸易术语（　　）。

A. 有利于买卖双方洽商交易和订立合同

B. 有利于买卖双方核算价格和成本

C. 有利于解决买卖双方履约当中的争议

D. 有利于买卖双方提高生产力和销售额

2. 贸易术语是用来表示（　　）等问题的专门用语。

A. 商品的价格构成

B. 交货地点

C. 付款条件

D. 风险转移、责任承担、费用划分

3. 与贸易术语相关的国际贸易惯例有（　　）。

A.《2020 年通则》

B.《1932 年华沙—牛津规则》

C.《1941 年美国对外贸易定义修订本》

D.《联合国国际货物销售合同公约》

4.《2020 年通则》共解释了 11 种贸易术语，并根据组别分为（　　）。

A. E 组　　B. F 组

C. C 组　　D. D 组

5. 与贸易术语相关的国际贸易惯例，其制定并解释的机构或组织主要有（　　）。

A. 国际商会

B. 国际法协会

C. 由美国商会、美国进口商协会和美国对外贸易协会组成的联合委员会

D. 世贸组织

6. 根据《2020 年通则》的规定，FOB 贸易术语的变形有（　　）。

A. FOB 班轮条件　　B. FOB 包括平舱

C. FOB 包括理舱　　D. FOB 吊钩下交货

E. FOB 包括平舱和理舱

7. 根据《2020 年通则》的规定，以下对于贸易术语变形的说法正确的是（　　）。

A. 不改变费用的负担　　B. 不改变交货地点

C. 不改变风险划分的界限　　D. 不改变支付条件

8. 根据《2020 年通则》的规定，CFR 贸易术语的变形有（　　）。

A. CFR 班轮条件　　B. CFR 卸至岸上

C. CFR 舱底交货　　D. CFR 吊钩下交货

9. 根据《2020 年通则》的规定，若买卖双方以 CFR 卸至岸上术语成交，以下表述正确的是（　　）。

A. 卖方应承担货物运至目的港以前的一切风险

B. 当货物卸至目的港岸上后，卖方的交货完毕

C. 买方承担的风险是货物在装运港装上船后

D. 卖方在装运港船上完成交货义务

10. 根据《2020 年通则》的规定，与 FOB 比较，在办理手续方面，CIF 贸易术语卖方的基本义务增加了（　　）。

A. 负责办理出口手续　　B. 负责办理运输手续

C. 负责办理保险手续　　D. 负责办理商品检验手续

11. 根据《2020 年通则》的规定，卖方在装运港船上完成交货义务的贸易术语是（　　）。

A. CIF　　B. FOB

C. CFR　　D. FAS

12. 根据《2020 年通则》的规定，卖方将货物交给承运人即完成交货义务的贸易术语是（　　）。

A. FOB　　B. FCA

C. CPT　　D. CIP

13. 在使用集装箱海运的出口贸易中，卖方采用 FCA 贸易术语比采用 FOB 贸易术语更为有利的具体表现是（　　）。

A. 可以提前转移风险

B. 可以提早取得运输单据

C. 可以提早交单结汇，提高资金的周转率

D. 可以减少卖方的风险责任

14. 贸易术语 FOB、CFR、CIF 和贸易术语 FCA、CPT、CIP 的主要区别是（　　）。

A. 适用的运输方式不同　　B. 风险转移的界限不同

C. 装卸费用负担不同　　D. 交货的地点不同

15. 根据《2020 年通则》的规定，以下（　　）是责任、费用划分点相分离的贸易术语。

A. CFR　　B. CIF

C. CPT　　D. CIP

16. 根据《2020 年通则》的规定，F 组贸易术语的共同特点是（　　）。

A. 风险划分点与费用划分点相分离

B. 卖方须按买卖合同规定的时间，在指定的装运地点将货物交至买方指定的承运人或装上买方指定的运输工具

C. 买方应自负费用订立运输契约

D. 签订的销售合同都是“装运合同”

17. 在《2020 年通则》规定的 11 种贸易术语中，规定了贸易术语变形的有（　　）。

A. FOB　　B. CFR

C. CIF　　D. DDP

18. 在《2020 年通则》规定的贸易术语中，下列属于实际交货的贸易术语是（　　）。

A. DDP　　B. DPU

C. DAP　　D. FOB

19. 根据《2020 年通则》的规定，贸易术语 CIF 与 DAP 的主要区别是（　　）。

A. 适用的运输方式不同

B. CIF 为凭单交货，DAP 为凭实物交货

C. 不但风险划分界限不同，而且费用划分界限也不同

D. CIF 合同属于“装运合同”，DAP 合同属于“到达合同”

20. 国际法协会制定的《1928 年华沙规则》是专门用来解释 CIF 贸易术语（　　）等问题的。

A. 买卖合同的性质　　B. 买卖双方的责任、费用划分

C. 买卖双方的风险划分　　D. 所有权的转移方式

（四）判断题

1. 贸易术语是在长期的国际贸易实践中产生的。它是用来表示商品的品名、品质、数量和包装等内容的专门术语。(　　)

2. 国际贸易惯例是国际贸易法的渊源之一，当今很多国家在立法中明文规定了国际贸易惯例的效力，因此，它具有强制性，对于贸易双方具有普遍的法律约束力。(　　)

3. 根据《1941 年美国对外贸易定义修订本》的规定，FOB 只适用于海上运输。(　　)

4. 根据《2020 年通则》的规定，在 FOB 条件下，如合同未规定“装船通知”条款，卖方将货物装船后可不发装船通知。(　　)

5. 根据《2020 年通则》的规定，凡 FOB 后未加“理舱”或“平舱”字样，则由买方负担理舱或平舱的费用。( )

6. 根据《2020 年通则》的规定，以 CFR 贸易术语成交时，尽管卖方交货的地点在装运港的船上，但该贸易术语的正确表达是“CFR + 目的港名称”，而不是“CFR + 装运港名称”。(　　)

7. 象征性交货的特点是卖方凭单交货，买方凭单付款。(　　)

8. 广州某外贸公司从德国汉堡进口货物，如按 FOB 汉堡条件成交，须由我方派船到汉堡口岸接运货物；而按 CIF 广州条件成交，则由出口方洽租船舶将货物运往广州港口。可见，该笔交易卖方按 FOB 进口承担的货物运输风险比按 CIF 进口承担的风险大。(　　)

9. CFR Ex Ship’s Hold Rotterdam 是指卖方必须负责租船或订舱，支付运费，并把货物运到鹿特丹，在目的港的舱底交货。(　　)

10. 根据《2020 年通则》的规定，FOB 贸易术语的变形是因装货费用的负担问题而产生的，而 CFR 和 CIF 贸易术语的变形则是因卸货费用的负担问题而产生的。(　　)

11. 根据《2020 年通则》的规定，买卖双方以 CIF 条件成交，若双方在洽商合同时未规定具体的险别，则卖方投保时，只有投保最低限度险别的义务。(　　)

12. 根据《2020 年通则》的规定，按 CIF 贸易术语成交，只要货物已在运输途中灭失，即使出口方提供全套正确的货运单据，进口方也是有权拒收单据和拒付货款的。(　　)

13. 根据《2020 年通则》的规定，在 FCA 条件下，卖方将货物交给买方指定的承运人后，必须及时通知买方。(　　)

14. 根据《2020 年通则》的规定，在 FCA 条件下，买卖双方风险和费用的划分以货交承运人为界。(　　)

15. 根据《2020 年通则》的规定，负责办理保险手续并支付保险费是 CIP 卖方的基本义务之一。(　　)

16. 根据《2020 年通则》的规定，以 CIP 贸易术语成交的交货属于象征性交货。(　　)

17. 根据《2020 年通则》的规定，以 FCA 贸易术语签订的合同属于“装运合同”。(　　)

18. 根据《2020 年通则》的规定，以 CIP 术语成交，卖方负责投保的最低险别是一切险。(　　)

19. 以 FCA、CPT、CIP 贸易术语成交，卖方都必须自负风险和费用，取得出口许可证或其他官方批准证件，办理货物出口所需的一切海关手续并支付有关的税费。(　　)

20. 根据《2020 年通则》的规定，CIF 和 CIP 贸易术语的交货地点不同。(　　)

21. 根据《2020 年通则》的规定，以 C 组贸易术语成交签订的合同都属于“装运合同”。(　　)

22. 以 FAS 术语成交，若装运港口吃水线浅使船舶不能靠岸，则货物从码头驳运到装运船只船边的一切风险及费用，应由买方负担。(　　)

23. 《2020 年通则》中的 11 种贸易术语都相应规定了变形。(　　)

24. 《2020 年通则》中 D 组贸易术语属于装运类贸易术语。(　　)

25. 国际商会根据卖方承担责任由小到大将《2020 年通则》中的 11 种贸易术语分为 E、F、C、D 四组。(　　)

（五）案例分析题

1. 我方某科技公司从美国进口通信设备 50 000 件，美商报价为每件 21 美元 FOB Vessel New York。合同签订后，我方如期将 30% 的定金 315 000 美元汇款给卖方，但美商要求将定金金额增加至 346 500 美元，增加部分用于支付有关的出口关税及签证费用。问：美商的要求是否合理？为什么？

2. 我方某家电公司在 2020 年 3 月，以 FOB 广州与阿联酋某公司成交一批医用防疫物资，合同规定装运期为 4 月份。我方备妥货物后，于 4 月 4 日装船完毕，由于刚好遇到清明节放假三天，我公司的业务员未及时向买方发出装运通知，这导致买方未能及时办理投保手续，而货物在 4 月 6 日晚因发生了火灾被烧毁。问：货物损失责任由谁承担？为什么？

3. 我方与荷兰某客商以 CFR 鹿特丹成交一笔呼吸机的出口交易，合同签订后，卖方马上备货，并在深圳港口及时办理了装运手续。卖方准备到银行收款时，收到买方来电，得知载货船只在航海运输途中遭遇意外事故，部分呼吸机受损，据此，买方表示将等到具体货损情况确定以后，才同意支付货款。问：（1）卖方可否要求收回货款？为什么？（2）买方应如何处理此事？

4. 我某医疗用品公司与英国某公司按 CFR Landed London 条件出口一批一次性医用口罩，合同规定 5 月份装运。货物顺利装运完毕后，卖方及时交单议付并收回货款。不久，卖方收到买方寄来的货物在伦敦港的卸货费和进口报关费的收据，要求我方按收据金额将款项支付给买方。问：我方是否需要支付这笔费用？为什么？

5. 我某进出口公司对日本某客户发盘，供应棉织浴巾 4 000 打，每打 CIF 大阪 80 美元，装运港大连；现日商要求我方改报 FOB 大连价。问：（1）我出口公司对价格应如何调整？（2）如果最后按 FOB 条件签订合同，买卖双方在所承担的责任、费用和风险方面有什么区别？

6. 某进出口公司以 CIF Singapore 向新加坡某客商出口空调机一批，由于该商品的季节性较强，买卖双方在合同中规定：卖方保证不迟于 4 月 15 日将货物运抵新加坡，否则，买方有权撤销合同。如卖方已结汇，卖方须将货款退还买方。问：该合同是否还属于 CIF 合同？为什么？

7. 我某进出口公司向沙特阿拉伯某客商出口消毒剂 300 公吨，对外报价为每公吨 2 000美元 FOB 上海，装运期为 4 月份，集装箱装运。我方于 4 月 16 日收到买方的装运通知，为及时装船，公司业务员于 4 月 17 日将货物存于上海港码头仓库，不料货物因当夜仓库发生火灾而全部灭失，以致货物损失由我方承担。问：在该笔业务中，我方若采用 FCA 上海成交，是否需要承担案中的损失？为什么？

8. 我方以 EXW 贸易术语从美国进口芯片一批，双方约定最迟 4 月 15 日交货。美商交货后，我方在美国出口报关时受阻，原因是未能取得美国芯片的出口许可证。我方要求美商提供出口许可证时，美商予以拒绝。问：（1）美商拒绝是否有理？（2）如采用 FCA 成交，美商是否要承担该批芯片出口受阻的责任？

二、参考答案

（一）名词解释

1. 贸易术语（Trade Terms）是在长期的国际贸易实践中产生的。它是用来表示商品的价格构成，说明交货地点，确定风险转移、责任承担、费用划分等问题的专门用语。

2. 国际贸易惯例（International Trade Practice）是指在国际贸易的长期实践中所形成的若干具有普遍意义的一些习惯性做法和解释。

3. FOB 是 Free on Board（...named port of shipment）的英文缩写，其中文含义为“装运港船上交货（……指定装运港）”。使用该贸易术语，卖方应负责办理出口清关手续，在合同规定的装运港和规定的期限内，将货物交到买方指派的船上，承担货物在装运港装上船之前的一切风险，并及时通知买方。

4. 象征性交货（Symbolic Delivery）是指卖方按合同约定的地点和时间完成装运，并向买方提交合同规定的包括物权凭证在内的有关单据，就算完成了交货义务，而无须保证到货。

5. FCA 是 Free Carrier 的英文缩写，其中文含义为“货交承运人”。使用该贸易术语，卖方应负责办理货物出口结关手续，在合同约定的时间和地点将货物交由买方指定的承运人处置，并及时通知买方。

（二）单项选择题

1. A。理由：根据国际贸易历史有关资料，最早使用的贸易术语是 FOB。

2. B。理由：《2020 年通则》是国际商会在收集整理了几十个国家对贸易术语解释的基础上形成的，目前在世界上应用最广。

3. C。理由：《1932 年华沙—牛津规则》仅对 CIF 一种价格术语进行了详尽的规定。

4. A。理由：在《2020 年通则》解释的 11 种贸易术语中，目前我国企业对外贸易中使用最多的一种是 FOB。

5. C。理由：根据《1941 年美国对外贸易定义修订本》的规定，FOB 后需加“Vessel”字样再加装运港名称，卖方交货的地点才在装运港的船上。否则，卖方只负责把货物运到装运地的任何处所，不负责把货物运到装运港口并交到船上。

6. D。理由：FOB 在《2020 年通则》和《1941 年美国对外贸易定义修订本》中的解释不同，FOB Vessel New York 仅解决了交货地点不同的问题，采用 FOB New York（Incoterms 2020）最稳妥。

7. B。理由：FOBST 是 FOB 贸易术语的变形，贸易术语的变形并不改变原术语交货地点和风险划分的界限。当货物在装运港装上船后，货物损失的风险转由买方承担。

8. B。理由：CFR 的中文含义为“成本加运费”，是指卖方负责按通常的条件租船订舱，支付到目的港的运费，并在规定的装运港和装运期内将货物装上船，装船后及时通知买方。因此，以 CFR 成交，卖方必须负责办理租船订舱的运输手续。

9. B。理由：根据《2020 年通则》的解释，CFR 吊钩下交货是指卖方承担将货物从船舱吊起一直卸到吊钩所及之处（码头上或驳船上）的费用。当船舶不能靠岸时，驳船费用由买方负担。

10. C。理由：象征性交货的特点是卖方凭单交货，买方凭单付款。

11. B。理由：CIF Ex Ship's Hold 为 CIF 贸易术语的变形，CIF 贸易术语的变形是为了明确卸货费用的负担问题而产生的，并不改变原术语的交货地点和风险划分的界限。卖方交货的地点仍然在装运港的船上，因而其交货类型属于装运港船上交货类。

12. C。理由：根据《2020 年通则》的解释，以 CIF Ex Ship's Hold Singapore 成交时，货物运至新加坡目的港后，由买方自行启舱，并承担货物从舱底卸到码头的费用。

13. C。理由：在以 CIF 和 CFR 条件成交时，买卖双方风险划分以货物在装运港装上船的前后为界。尽管货物运输保险分别由卖方和买方办理，但货物从装运港至目的港运输途中灭失和损坏的风险由买方承担。

14. A。理由：以 CIF Ex Ship's Hold 成交，买方承担在货物装运港装上船以后的风险；而以 DAP 术语成交，买方承担卖方在目的地实际将货物交给买方以后的风险。因此，前者买方承担的风险较大。

15. C。理由：CPT 的中文含义为“运费付至指定目的地”。就海运而言，按这一贸易术语成交，买卖双方的基本义务与 CFR 成交非常相似，但交货的地点和风险划分的界限前移至货交承运人。

16. D。理由：根据《2020 年通则》的解释，EXW 是由买方负责办理出口手续，也是 11 种贸易术语中，唯一需要买方负责办理出口手续并支付有关费用的贸易术语。

17. D。理由：根据《2020 年通则》的解释，DDP 是由卖方负责办理进口手续，也是

11 种贸易术语中，唯一需要卖方负责办理进口手续并支付有关费用的贸易术语。

18. C。理由：根据《2020 年通则》的解释，11 种贸易术语中，FOB、CFR、CIF、FAS 4 种贸易术语仅适用于水上运输方式。

19. D。理由：根据《2020 年通则》的解释，以 DDP 贸易术语成交签订的合同属于到达合同。

20. C。理由：根据《2020 年通则》的解释，以 CIF 贸易术语成交，卖方只负责租船订舱并支付运至目的港的运费，但不保证将货物送达目的港。

21. C。理由：根据《2020 年通则》的解释，DAT（Delivered at Terminal）贸易术语已被重命名为 DPU（Delivered at Place Unloaded）。这是为了反映作为目的地的交货地点可以是任何地方而不仅仅是终点。因此，《2020 年通则》D 组贸易术语中没有 DAT。

22. B。理由：按照《2020 年通则》的规定，以 CIF 贸易术语成交，卖方的基本义务之一就是负责办理货物运输保险，并支付保险费。

23. B。理由：按照《2020 年通则》的规定，以 CIF 贸易术语成交，若合同没有约定保险险别，卖方可选择最低险别投保。基本险中最低的险别就是平安险。

24. A。理由：按照《2020 年通则》的规定，以 CIP 贸易术语成交，若合同没有约定保险险别，卖方可选择的最低险别是一切险。

25. D。理由：根据《2020 年通则》的解释，以 DDP 贸易术语成交，卖方负责办理进口结关手续并支付有关费用。

（三）多项选择题

1. ABC。理由：在国际贸易中使用贸易术语，其作用包含：有利于买卖双方洽商交易和订立合同；有利于买卖双方核算价格和成本；有利于解决买卖双方履约当中的争议。

2. ABD。理由：贸易术语是在长期的国际贸易实践中产生的。它是用来表示商品的价格构成，说明交货地点，确定风险转移、责任承担、费用划分等问题的专门用语。

3. ABC。理由：在国际贸易中，主要使用的有关贸易术语的国际贸易惯例有《2020 年通则》《1932 年华沙—牛津规则》《1941 年美国对外贸易定义修订本》三种。

4. ABCD。理由：《2020 年通则》共解释了 11 种贸易术语，并根据组别分为 E、F、C、D 四组。

5. ABC。理由：有关贸易术语的国际贸易惯例有：由国际商会制定的《2020 年通则》；由国际法协会制定的《1932 年华沙—牛津规则》；由美国商会、美国进口商协会和美国对外贸易协会组成的联合委员会制定的《1941 年美国对外贸易定义修订本》。

6. ABCDE。理由：根据《2020 年通则》的规定，在程租船运输方式下，装货费用的负担问题容易引起买卖双方的争议，因而产生了 FOB 贸易术语的变形。该贸易术语的变形有 FOB 班轮条件、FOB 包括平舱、FOB 包括理舱、FOB 吊钩下交货和 FOB 包括平舱和理舱五种。

7. BC。理由：贸易术语的变形，是为了明确装货或卸货费用的负担问题而产生的，并不改变原术语的交货地点和风险划分的界限。

8. ABCD。理由：根据《2020 年通则》的规定，对于大宗商品交易，由于卸货费用较高，必须明确卸货费用由何方负担，从而规定了 CFR 贸易术语的变形，主要有 CFR 班轮条件、CFR 卸至岸上、CFR 舱底交货和 CFR 吊钩下交货四种。

9. CD。理由：CFR 贸易术语的变形，是为了明确卸货费用的负担问题而产生的，并不改变原术语的交货地点和风险划分的界限。卖方交货的地点仍然在装运港的船上，买方承担的风险是货物在装运港装上船后。

10. BC。理由：根据《2020 年通则》的规定，CIF 贸易术语卖方的基本义务比 FOB 增加了两项：负责办理租船或订舱手续，并支付运费；负责办理货物运输保险手续，并支付保险费。

11. ABC。理由：根据《2020 年通则》的规定，CIF、FOB、CFR 三种贸易术语，买卖双方交货的地点都是在装运港的船上。

12. BCD。理由：根据《2020 年通则》的规定，以 FCA、CPT、CIP 三种贸易术语成交，卖方将货物交给承运人即告完成交货义务。以 FOB 贸易术语成交，卖方在货运站将货物交给承运人不算完成交货义务，必须在装运港船上完成交货义务。

13. ABCD。理由：在使用集装箱海运的出口贸易中，卖方采用 FOB 贸易术语成交时，买卖双方交货的地点在装运港买方指派的船上，风险转移也是在装运港货物装上船后；采用 FCA 贸易术语成交时，买卖双方交货的地点和风险划分的界限前移至货交买方指定的承运人。因此，采用 FCA 贸易术语成交，卖方可以提前转移风险、提早取得运输单据、提早交单结汇，从而提高资金的周转率。

14. ABCD。理由：FOB、CFR、CIF 属于装运港船上交货类的贸易术语，这类贸易术语适用于水上运输，风险划分以货物在装运港装上船的前后为界，而且货物的装卸费用由谁负担也要通过贸易术语的变形加以明确，交货的地点在装运港的船上；而 FCA、CPT、CIP 属于货交承运人类的贸易术语，这类贸易术语适用于任何运输方式，风险划分以货交承运人为界，该类术语的装卸费已包含在运费中，无须另行规定，交货的地点是在卖方与承运人办理货物交接的装运地。

15. ABCD。理由：根据《2020 年通则》的规定，C 组贸易术语是责任、费用划分点相分离的贸易术语。

16. BCD。理由：根据《2020 年通则》的规定，以 F 组贸易术语成交时，买方应自负费用订立运输契约，卖方须按买卖合同规定的时间，在指定的装运地点将货物交至买方指定的承运人或装上买方指定的运输工具。卖方只保证按时交货，不保证按时到货，因此，签订的销售合同都是装运合同。

17. ABC。理由：在《2020 年通则》规定的 11 种贸易术语中，只有装运港船上交货类，即 FOB、CFR、CIF 规定了贸易术语的变形。

18. ABC。理由：根据《2020 年通则》的规定，D 组贸易术语都属于实际交货的贸易术语。

19. ABCD。理由：根据《2020 年通则》的规定，以 CIF 贸易术语成交属于象征性交货，该术语仅适用于水上运输，卖方负责办理运输和保险手续，承担货物海运的正常运费和保险费，卖方在装运港的船上完成交货义务，风险以货物在装运港装上船后转移，以该术语成交所签订的合同为"装运合同"；而以 DAP 贸易术语成交属于实际性交货，该术语适用于任何运输方式，卖方承担一切风险和费用将货物运至目的地，并在目的地完成交货义务，卖方交货完毕后，风险就由卖方转移至买方，以该术语成交，卖方必须保证在目的地按时到货并交货，因此属于“到达合同”。

20. ABCD。理由：国际法协会于1928年在波兰华沙召开会议，制定了《1928年华沙规则》，该规则专门解释CIF贸易术语买卖合同的性质，买卖双方的责任、费用、风险划分以及所有权的转移方式等问题。

（四）判断题

1. 错误。理由：贸易术语是在长期的国际贸易实践中产生的。它是用来表示商品的价格构成，说明交货地点，确定风险转移、责任承担、费用划分等问题的专门用语。

2. 错误。理由：国际贸易惯例虽已得到各国的公认，但它不是国际法规，不具有强制性，对贸易双方不具有强制约束力。

3. 错误。理由：根据《1941年美国对外贸易定义修订本》的规定，FOB适用于任何运输方式。FOB Vessel才适用于海上运输。

4. 错误。理由：按《2020年通则》的规定，以FOB贸易术语成交，卖方在装船完毕后及时向买方发出装船通知是卖方的基本义务之一。因此，在FOB条件下，即使合同未规定“装船通知”条款，卖方将货物装船后也须及时向买方发出装船通知。

5. 正确。理由：根据《2020年通则》的规定，FOB Liner Terms由卖方负责装货和卸货费用，包含理舱和平舱的费用；FOB Under Tackle卖方不负责装货费用；FOB Stowed、FOB Trimmed和FOB Stowed and Trimmed卖方不仅要负担装货费，而且要负担理舱费或（和）平舱费。因此，在FOB后未加“理舱”或“平舱”字样，则由买方负担理舱或平舱的费用。

6. 正确。理由：根据《2020年通则》的规定，CFR贸易术语下卖方负责办理货物从装运港至目的港的运输手续并支付运费，这表明CFR贸易术语下的价格包含从装运港至目的港的运费，因此，CFR后加目的港名称。

7. 正确。理由：象征性交货的特点是卖方凭单交货，买方凭单付款。

8. 错误。理由：根据《2020年通则》的规定，不论以CIF贸易术语还是以FOB贸易术语成交，买卖双方风险划分都以货物在装运港装上船的前后为界，运输途中货物灭失和损坏的风险都由我方承担。因而，该笔交易以这两种贸易术语成交，我方承担的风险是一样的。

9. 错误。理由：CFR Ex Ship's Hold Rotterdam是CFR贸易术语的变形，贸易术语的变形并不改变原术语的交货地点和风险划分的界限。因此，以CFR Ex Ship's Hold Rotterdam成交时，卖方交货的地点仍然在装运港的船上，且只保证按时装货，不保证按时到货。

10. 正确。理由：根据《2020年通则》的规定，在程租船运输的方式下，以FOB、CFR和CIF贸易术语成交，容易在装货和卸货费用的负担问题上产生争议，因而产生了贸易术语的变形。其中，FOB贸易术语的变形是对装货费用的进一步划分，CFR和CIF贸易术语的变形则是对卸货费用的进一步划分。

11. 正确。理由：根据《2020年通则》的规定，买卖双方以CIF条件成交，买卖双方应在合同中就投保的险别给予明确规定。若双方在合同中未规定具体的险别，则卖方投保时，只有投保最低限度险别的义务。

12. 错误。理由：根据《2020年通则》的规定，以CIF贸易术语成交，其交货属于象征性交货，只要卖方按合同约定的地点和时间完成装运，并向买方提交合同规定的包括物权凭证在内的有关单据，就算完成了交货义务，而无须保证到货。另外，货物在装运港装上船时风险已由卖方转移至买方，货物在运输途中灭失的风险由买方承担。只要出口方提供全套正确的货运单据，进口方是无权拒收单据和拒付货款的。

13. 正确。理由：根据《2020 年通则》的规定，在 FCA 条件下，卖方将货物交给买方指定的承运人后，风险已转移给买方。为了使买方能及时投保，货交承运人后卖方必须及时通知买方。

14. 正确。理由：根据《2020 年通则》的规定，在 FCA 条件下，卖方将货物交给买方指定的承运人后，货物的风险和交货后产生的费用已转移给买方，由买方承担。

15. 正确。理由：根据《2020 年通则》的规定，以 CIP 贸易术语成交，卖方的基本义务之一就是负责办理保险手续并支付保险费。

16. 正确。理由：根据《2020 年通则》的规定，以 CIP 贸易术语成交，卖方凭单交货，买方凭单付款，属于典型的象征性交货。

17. 正确。理由：根据《2020 年通则》的规定，以 FCA 贸易术语成交，卖方必须按规定的时间或期限，将货物交给承运人，但卖方不保证货物实际到达指定的目的地。因此，以该贸易术语签订的合同属于“装运合同”。

18. 正确。理由：根据《2020 年通则》的规定，以 CIP 贸易术语成交，卖方负责投保的最低险别是一切险。

19. 正确。理由：根据《2020 年通则》的规定，以 FCA、CPT、CIP 贸易术语成交，卖方都必须自负风险和费用，取得出口许可证或其他官方批准证件，办理货物出口所需的一切海关手续并支付有关的税费。

20. 正确。理由：根据《2020 年通则》的规定，CIF 的交货地点在装运港的船上，CIP 的交货地点在装运地货交承运人。因此，CIF 和 CIP 贸易术语的交货地点不同。

21. 正确。理由：“装运合同”是指按此类销售合同成交时，卖方在合同规定的装运期内在装运港（地）将货物交至运往指定目的港的运输工具上或交给承运人，即完成了交货义务，卖方对货物运输途中发生灭失或损坏的风险以及货物交运后发生的事件所产生的费用，概不承担责任。而 C 组贸易术语属于象征性交货，卖方在装运港的船上装运完毕或将货物交给承运人，即完成了交货义务，卖方对货物运输途中发生灭失或损坏的风险以及货物交运后发生的事件所产生的费用，概不承担责任。

22. 错误。理由：在 FAS 贸易术语成交的条件下，卖方交货的地点是在装运港装运船只的船边，即使买方指派的船只因装运港口吃水线浅不能靠岸，也不改变卖方交货的地点。因此，在装运港口吃水线浅使船舶不能靠岸的情况下，使用驳船将货物运至装运船只船边的一切风险和费用由卖方承担。

23. 错误。理由：《2020 年通则》规定的 11 种术语中，只有装运港船上交货的 3 种贸易术语，即 FOB、CFR、CIF 规定了贸易术语的变形。

24. 错误。理由：《2020 年通则》中 D 组贸易术语属于到达类的贸易术语，卖方必须负责按时将货物送达指定的目的地。

25. 正确。理由：国际商会根据卖方承担责任由小到大将《2020 年通则》中的 11 种贸易术语分为 E、F、C、D 四组。

（五）案例分析题

1. 答：美商的要求是合理的。本案美商以 FOB 对我方报价，在没有明示依据《2020 年通则》的前提下，美商当然依据《1941 年美国对外贸易定义修订本》对 FOB 的解释处理。根据《1941 年美国对外贸易定义修订本》的规定，买方要支付卖方协助提供出口单证的费用以及出口税和因出口产生的其他费用，美商提出增加的金额就是用于支付这些费用。因此，美商的要求是合理的。

2. 答：货物损失责任由我方承担。根据《2020 年通则》的规定，以 FOB 贸易术语成交，在货物装船完毕后及时向买方发出装船通知是卖方的基本义务之一，买方收到卖方的装船通知后方能及时办理投保手续，否则，由此而产生的风险应由卖方承担。本案中，我方未及时发出装船通知，导致买方未能及时办理投保手续，未能将风险及时转移给保险公司。因而，货物损失责任由我方承担。

3. 答：（1）卖方可以要求收回货款。根据《2020 年通则》的规定，按 CFR 贸易术语成交属于象征性交货，其交货特点是卖方凭单交货，买方凭单付款。买卖双方风险划分以货物在装运港装上船的前后为界。本案中，卖方按合同规定的期限及时将货物装上船后，已完成了交货义务，风险也已转移给了买方。因此，卖方可以要求收回货款。（2）在实际业务中若发生本案的情形，买方应及时与保险公司取得联系，凭保险单及有关的证明向保险公司提出索赔，以弥补意外事故造成的货物损失。

4. 答：我方应负担卸货费用，不需要负担进口报关费。根据《2020 年通则》的规定，按 CFR Landed London 条件成交，卖方要负担卸货费；但 CFR Landed London 是 CFR 贸易术语的变形，办理进口报关手续并支付有关的进口报关费是买方的基本义务之一。因此，我方应负担卸货费而不应负担进口报关费。

5. 答：（1）我公司报价从 CIF 大阪改为 FOB 大连时，应将报价调低，即从原报价中减去每打棉织浴巾从大连至大阪的运费和保险费。（2）如果最后按 FOB 条件签订合同，买卖双方除风险的划分界限没有区别外，双方所承担的责任和费用都发生了变化。按 CIF 大阪成交，卖方负责租船或订舱，办理投保，并支付相应的运费和保险费；而改为 FOB 大连成交，则由买方负责租船或订舱，办理投保，并支付相应的运费和保险费。

6. 答：本案中的合同性质已不属于 CIF 合同。根据《2020 年通则》的规定，CIF 合同是“装运合同”，即按此类销售合同成交时，卖方在合同规定的装运期内在装运港将货物交至运往指定目的港的船上，即完成了交货义务，对货物是否按时启运、按时到达目的港、在运输途中发生灭失或损坏的风险以及交运后发生的事件所产生的费用，卖方概不承担责任。而本案的合同条款规定：“卖方保证不迟于 4 月 15 日将货物运抵新加坡，否则，买方有权撤销合同。”该条款意指卖方必须不迟于 4 月 15 日将货物实际运抵新加坡，其已改变了“装运合同”的性质。

7. 答：我方若选择 FCA 术语成交，根据《2020 年通则》的规定，卖方只承担货物在约定地点交给第一承运人处置之前的风险。因此，依据本案，货物运至上海港码头（或之前）将货物交给承运人时，风险已转移给买方，卖方不必承担案中的损失。本案采用集装箱运输，若采用 FCA 术语成交，卖方货交至货运站或堆场，由承运人处置即可。这样，我方不但不用承担案中的风险，而且可以提早取得运输单据，提早交单结汇。

8. 答：（1）以 EXW 贸易术语成交，美商拒绝提供出口许可证是合理的。根据《2020 年通则》的规定，以 EXW 贸易术语成交，由买方负责办理一切出口手续，卖方没有义务提供办理出口手续所需要的出口许可证。（2）如采用 FCA 贸易术语成交，美商必须负责办理一切出口手续，由于未取得出口许可证而出口受阻的责任由美商承担。

第二章
商品的品名、品质、数量和包装

一、练习题

（一）名词解释

1. 对等样品　　2. 公量　　3. 溢短装条款
4. 唛头　　5. 中性包装

（二）单项选择题

1. 在国际贸易中，对于表示商品的品质，凡货样难以达到完全一致的，不宜采用（　　）。

A. 凭说明买卖　　B. 凭样品买卖
C. 凭等级买卖　　D. 凭规格买卖

2. 我对外出口服装商品时，在表示商品的品质比如款式、色彩、图案等方面，经常向对方提供（　　）。

A. 样品　　B. 规格
C. 商标　　D. 产地

3. 在合同中关于品质条款的规定上，对某些比较难掌握其品质的工业制成品，我们多在合同中规定（　　）。

A. 商品的毛重　　B. 溢短装条款
C. 品质公差　　D. 商品的净重

4. 在合同中关于品质条款的规定上，对于农副产品，我们多在合同中规定（　　）。

A. 溢短装条款　　B. 商品的毛重
C. 品质机动幅度　　D. 商品的净重

5. 凭样品买卖时，卖方应注意留存（　　）以备日后交货或处理争议时核查之用。

A. 回样　　B. 复样
C. 参考样　　D. 对等样

6. 某公司对外出口格力空调机，下列对商品描述较合理的是（　　）。

A. 空调机
B. 格力空调机
C. 格力 3 匹变频空调机
D. 格力 KFR－72LW 3 匹智能变频空调机

7. 一般情况下，广交会上我出口公司在摊位上展示的样品绝大多数是（　　）。

A. 卖方样品　　B. 买方样品

C. 对等样品　　D. 第三方样品

8. 在出口榨菜时，商品描述为“重庆涪陵榨菜”属于凭（　　）买卖。

A. 商标或品牌　　B. 标准

C. 规格　　D. 产地名称

9. 根据《中华人民共和国计量法》规定，国家采用（　　）。

A. 公制　　B. 国际单位制

C. 英制　　D. 美制

10. 在国际贸易中，对于价值较低的粮食、饲料等商品，往往采取（　　）计算其重量。

A. 以毛作净　　B. 法定重量

C. 公量　　D. 理论重量

11. 在国际贸易中，对于大批量交易的散装货，因较难掌握商品的数量，通常在合同中规定（　　）。

A. 品质公差条款　　B. 溢短装条款

C. 价格条款　　D. 仓至仓条款

12. 合同中未注明商品重量是按毛重还是按净重计算时，按照国际惯例，计价的重量应理解为（　　）。

A. 毛重　　B. 净重

C. 以毛作净　　D. 公量

13. 某外贸公司与外商签订了一份出口稀土的合同，合同中规定的出口数量为 500 公吨。在溢短装条款中规定，允许卖方交货的数量可增减 5%，但未对多交部分货物如何作价给予规定。卖方依合约规定多交了 20 公吨，根据《联合国国际货物销售合同公约》（以下简称《公约》）的规定，此 20 公吨应按（　　）作价。

A. 到岸价　　B. 合同价

C. 离岸价　　D. 议定价

14. 拟订出口销售合同的数量条款时，在商品数量前加上“约”或“大约”字样，按《UCP600》的规定，这种约定可解释为交货数量不超过（　　）的增减幅度。

A. 10%　　B. 5%　　C. 25%　　D. 15%

15. 拟订出口销售合同的数量条款时，若合同中未明确规定可否溢短装，则对于散装货，货物数量准许有（　　）的增减幅度。

A. 10%　　B. 5%　　C. 3%　　D. 2%

16. 商品的销售包装一般不具有（　　）功能。

A. 保护商品　　B. 促销

C. 方便运输　　D. 美化商品

17. 在货物运输包装上标示的“小心轻放”属于（　　）。

A. 商品标志　　B. 指示性标志

C. 警告性标志　　D. 重量标志

18. 国际上通用的条形码由国际物品编码协会统一管理和分配。中国香港为（　　）。

A. 690　　B. 489　　C. 691　　D. 471

19. 在国际贸易中，禁止以木板箱作为进口商品包装的国家是（　　）。

A. 新加坡　　B. 德国　　C. 菲律宾　　D. 越南

20. 对于进出口货物的包装，下列表述错误的是（　　）。

A. 交货时卖方不能随意更改包装方式

B. 交货时卖方不能随意更改包装材料

C. 交货时卖方不能随意更改每件包装所含商品的数量或重量

D. 包装费用一般不包含在货价之内，必须另行计收

（三）多项选择题

1. 商品的品质是商品（　　）的综合。

A. 价格条件　　B. 内在素质

C. 外观形态　　D. 包装形态

2. 商品的内在素质包括（　　）。

A. 物理性能　　B. 机械性能

C. 化学成分　　D. 生物特征

3. 商品的外观形态包括（　　）。

A. 外形　　B. 色泽

C. 款式　　D. 透明度

4. 以大类归纳，表示商品品质的方法可分类为（　　）。

A. 以样品表示商品的品质　　B. 以实物表示商品的品质

C. 以说明表示商品的品质　　D. 以商标表示商品的品质

5. 除凭规格和等级外，以说明表示商品质量的方法还有（　　）买卖。

A. 凭标准　　B. 凭说明书和图样

C. 凭商标或品牌　　D. 凭产地名称

6. 在实际出口业务中，出口时多采用样品来表示其品质的商品有（　　）。

A. 机电产品　　B. 家用陶瓷

C. 服装　　D. 儿童玩具

7. 商品的品质机动幅度是指对商品的特定质量指标在一定幅度内可以机动，其具体的规定方法有（　　）。

A. 规定一定的范围　　B. 规定一定的极限

C. 规定一定的大小　　D. 规定一定上下差异的幅度

8. 在国际贸易中，常用的度量衡制度有（　　）。

A. 公制　　B. 英制

C. 美制　　D. 国际单位制

9. 下列计量单位中，属于个数单位的是（　　）。

A. piece　　B. dozen

C. set　　D. ream

10. 在国际贸易计算重量的方法中，公量常用于价值较高而水分含量受到客观环境影响较大的商品，如（　　）等商品。

A. 生丝　　B. 羊毛

C. 棉花　　D. 电视机

11. 在拟订出口销售合同的数量条款中，商品数量的溢短装条款内容主要包括（　　）。

A. 溢短装的百分比　　B. 溢短装的选择权

C. 溢短装部分的作价　　D. 买方必须收取溢短装的货物

12. 在国际贸易中，商品重量的计算方法有（　　）。

A. 毛重　　B. 净重

C. 公量　　D. 理论重量和法定重量

13. 某公司向国外某客商出口 500 台电冰箱，合同没有规定卖方交货的数量可溢短装 5%，卖方实际交货的电冰箱为 520 台，买方可就卖方多交的 20 台电冰箱作出如下处理：（　　）。

A. 拒收多交的 20 台电冰箱　　B. 拒收全部 520 台电冰箱

C. 收取多交 20 台中的 5 台电冰箱　　D. 收取多交的 20 台电冰箱

14. 沙特某石油公司以每桶 35 美元的价格向我方某石化公司出售 2 万桶原油，合同中没有拟订具体的溢短装条款，合同金额为 70 万美元。但 4 月份沙特石油公司实际交付 2 万桶时，原油的价格发生了较大的波动，市场价格仅为 25 美元/桶，则（　　）。

A. 我方可以拒收 2 万桶原油

B. 我方应按合同规定接收 2 万桶原油

C. 因价格波动我方可按 10% 的比例少收 2 000 桶

D. 只要卖方的交货符合合同的规定，我方就必须支付 70 万美元的货款

15. 合同中数量条款的内容包括商品的（　　）两部分。

A. 名称　　B. 包装

C. 数量　　D. 数量的计量单位

16. 根据在流通过程中所起的作用不同，包装可分为（　　）。

A. 运输包装　　B. 销售包装

C. 单件包装　　D. 集合包装

17. 在国际贸易中，运输包装的标志主要分为（　　）。

A. 运输标志　　B. 品牌标志

C. 指示性标志　　D. 警告性标志

18. 唛头的主要内容包括（　　）。

A. 目的港（地）名称

B. 收货人及（或）发货人名称的代用简字或代号

C. 件号、批号

D. 许可证号

19. 1991 年 4 月我国正式加入国际物品编码协会，该协会分配给中国大陆的国别号为（　　）。

A. 690　　B. 691　　C. 692　　D. 693

20. 在国际贸易中，出口商为了打破某些进口国家与地区的关税和非关税壁垒，有时采用中性包装，中性包装一般不标明商品的（　　）。

A. 生产国别　　B. 生产地名　　C. 生产厂商名称　　D. 商标或牌号

21. 在国际贸易中，货物的包装必须考虑其特点和要求，如（　　）等，做相应的防护处理。

A. 防压　　B. 防霉　　C. 防震　　D. 防静电

22. 在国际贸易中，为了避免引起争议，合同的包装条款应明确规定具体的要求，交货时卖方不能随意更改（　　）。

A. 包装方式　　B. 包装材料

C. 每件包装所含商品的数量　　D. 每件包装所含商品的重量

（四）判断题

1. 凭样品买卖能够直接明了地表示商品的品质，因此在国际贸易中应用最广。（　　）

2. 按买方来样，卖方复制出一个样品寄交买方确认，这个样品称为复样。（　　）

3. 在出口贸易中，表示品质的方法多种多样。为了更精确地表示商品的品质，明确责任，最好采用既凭样品又凭规格买卖的方法。（　　）

4. 我某出口公司对外出口大豆，合同中大豆的品质表述为：含油量 20%，含水分 15%，含不完善粒 6%，含杂质 1%。这样的表述比较合理，对卖方交货有利。（　　）

5. 若卖方交付货物的品质指标在约定的品质机动幅度或品质公差范围内，除非买卖双方另有规定，一般不另行增减价格。（　　）

6. 在国际贸易中，棉花一般以包为单位，一标准包毛重为 480 磅，净重 478 磅。（　　）

7. 毛重就是净重加上皮重。当买卖双方没有特别说明时，计价的重量应理解为毛重。（　　）

8. 各国使用的度量衡制度不同，如计算重量，实行英制的国家一般采用短吨，实行美制的国家一般采用长吨。（　　）

9. 根据《公约》的规定，如卖方所交货物多于约定数量，买方可以收下合同规定及卖方多交的货物，也可以拒收合同规定及卖方多交的货物。（　　）

10. 我国现行的法定计量单位制是在国际单位制的基础上增加一些非国际单位制的单位。（　　）

11. 以毛作净就是以净重代替毛重。（　　）

12. 国际贸易中的棉毛、羊毛、生丝等商品有较强的吸湿性，其所含水分受客观环境的影响较大，因此通常采用以毛作净的方法来计算此类商品的重量。（　　）

13. 数量的机动幅度条款也称为溢短装条款。若合同没有规定，对溢短装部分的货物，依惯例应按市场价格计算。（　　）

14. 交货时数量机动幅度的设定可由卖方选择也可由买方选择，还可以由船方选择。（　　）

15. 在拟订出口销售合同的数量时，对于数量机动幅度的设定要做到大小适当，实务中一般规定为 5%。（　　）

16. 数量机动幅度的确定由谁掌握？根据国际惯例，只能由卖方确定。(　　)

17. 在国际贸易中，所有商品都要经过包装才能销售。(　　)

18. 运输包装标志就是运输标志。(　　)

19. 在出口销售合同的包装条款中，包装费用一般包括在货价之内，不另计收。(　　)

20. 双方签订的贸易合同中，规定成交货物为不需包装的散装货，而卖方在交货时采用麻袋包装，但净重与合同规定完全相符，且不要求另外加收麻袋包装费。货到后，买方以卖方交货的包装条件不符合合同的规定提出索赔，该索赔不合理。(　　)

21. “爆炸品标志”“易燃气体标志”“有毒品标志”等属于指示性标志。(　　)

22. 出口厂商采用定牌生产时，应要求买方提供其得到合法授权或者是商标持有人的直接授权的证明。(　　)

23. EAN 条形码由国际物品编码协会统一分配和管理。其中，标准版有 11 位标识数字，缩短版只有 6 位标识数字。(　　)

（五）计算题

A 公司与 B 公司签订了一份 50 公吨羊毛的出口合同，合同中规定以公量来计算商品的重量。商品的标准回潮率是 10%，货物到达目的港后抽样检测所得的实际回潮率是 8%。试计算：该批商品的公量是多少？

（六）操作题

1. 买卖合同中的数量条款规定“100M/T 5% more or less at seller’s option”，则根据《公约》的规定，卖方最多和最少可交多少公吨货物？多交部分如何作价？若双方未约定多交部分如何作价，当市场价格暴涨时，卖方多交还是少交有利？

2. 广东嘉年华食品有限公司向日本某公司出口加工梅脯 500 箱，每 10 箱梅脯装于 1 个大纸箱装运出口。已知收货人代号为：ABC；目的地为：Osaka Japan；参考号为：01 - 368 - 98。请根据以上已知条件制作一标准化唛头。

（七）案例分析题

1. 我某出口公司对美成交出口电冰箱 4 500 台，合同规定 A、B、C 三种型号各1 500 台，不得分批装运。待我方发货时，发现 B 型电冰箱只有 1 450 台，而其他两种型号的电冰箱存货充足。考虑到 B 型数量短缺不大，我方便以 50 台 A 型电冰箱代替 B 型装运出口。问：我方这样做是否合适？为什么？

2. 我某公司向国外某客户出口榨油大豆一批，合同中规定大豆的具体规格为含水分 14%、含油量 18%、含杂质 1%。国外客户收到货物不久，我方便收到对方来电称：我方的货物品质与合同规定相差较远，具体规格为含水分 18%、含油量 10%、含杂质 4%，并要求我方给予损害赔偿。问：对方的索赔要求是否合理？合同中就这一类商品的品质条款应如何规定为宜？

3. 我方与越南某客商凭样品成交达成一笔出口镰刀的交易。合同中规定复验有效期为货物到达目的港后 60 天。货物到达目的港经越商复验后，其未提出任何异议。但事隔半年，越商来电称：镰刀全部生锈，只能降价出售，越商因此要求我方按成交价的 40% 赔偿其损失。我方接电后立即查看我方留存的复样，也发现类似情况。问：我方应否同意对方的要求？为什么？

4. 我方某粮油公司与外商进行小麦的交易，合同规定："数量为 1 000 公吨，散装货，不准分批装运，单价为 250 美元/公吨 CIF 悉尼，总金额约为 25 万美元……"但未表明可否溢短装。卖方实际装货时，多装了 15 公吨。问：卖方能否收回多交的 15 公吨小麦的货款？为什么？

5. 我某出口公司以 CIF 条件与澳洲客商签订了一份出口 500 公吨大豆的合同，合同规定："每公吨 200 美元 CIF 悉尼，双线新麻袋包装，每袋 50 千克，以即期信用证支付方式付款。"我公司按期交货并办妥了结汇手续。货到后澳洲客商来电称我公司所交货物扣除皮重后不足 500 公吨，要求我方退回因短量而多收的货款。问：澳洲客商的要求是否合理？为什么？

6. 日本 A 商在我沿海某地采用定牌来料加工某电器产品。成品返销日本市场后，日本另一 B 电器生产厂商控告 A 冒用它的牌子。事后查明 B 商上述牌子在日本和我国均已办妥商标注册。问：在上述情况下，A 商应承担什么责任？对我国企业有何教训？

二、参考答案

（一）名词解释

1. 对等样品（Counter Sample）又称"回样"，是指卖方根据买方提供的样品，加工复制出一个类似的样品交买方确认，这种经确认后的样品被称为"对等样品"。

2. 公量（Conditioned Weight）是以商品的干净重加上标准的回潮率与干净重的乘积所得出的重量。

3. 溢短装条款（More or Less Clause）是指允许卖方在交货时，根据合同规定的数量多交或少交一定的百分比。

4. 唛头是运输标志（Shipping Marks）的俗称，是指书写、压印或刷制在外包装上的图形、文字和数字。运输标志通常是由一个简单的几何图形和一些字母、数字及简单的文字组成，其主要内容包括：①收货人及（或）发货人名称的代用简字或代号；②目的港（地）名称；③件号、批号。

5. 中性包装（Neutral Packing）又称"白袋"，是指既不标明商品的生产国别、地名和厂商名称，也不标明商标或牌号的包装。

（二）单项选择题

1. B。理由：凭样品买卖是指以样品表示商品品质并以此作为交货依据的买卖。根据

《公约》的规定：“货物的质量与卖方向买方提供的货物样品或式样相同。”如果货样难以达到完全一致，卖方应避免采用凭样品买卖来表示商品的品质。

2. A。理由：在国际贸易中，方法很多，究竟采用何种方法，应视商品的特性而定。对于一些难以规格化和标准化的商品，如商品的色、香、味及服装的造型等，常用样品来表示。

3. C。理由：品质公差是指国际上同行业公认的产品品质误差。在国际贸易合同中关于品质条款的规定上，对某些比较难掌握其品质的工业制成品，我们多在合同中规定品质公差。

4. C。理由：在国际贸易中，为了使卖方交货的品质在一定的范围内有灵活性，对于农副产品，可采用规定品质机动幅度的方法。

5. B。理由：复样是指交易一方向另一方寄送样品时，留存一份或若干份相同的样品，以备卖方交货或处理争议时核查货物质量之用。

6. D。理由：因为空调机交易受品牌和型号的影响，所以在出口空调机时，出口销售合同中的商品描述应规定为格力 KFR－72LW 3 匹智能变频空调机。

7. A。理由：广交会上我出口公司在摊位上展示的样品基本上都是我方已生产、可出售的商品，因此，出口摊位上的样品绝大多数是卖方样品。

8. D。理由：因产地不同，产品的质量、信誉也不同，对此类产品可采用凭产地名称表示产品品质的方法，“重庆涪陵榨菜”属于这种类型。

9. B。理由：在国际贸易中，常用的度量衡制度有公制、英制、美制和国际单位制。根据《中华人民共和国计量法》的规定：国家采用国际单位制。

10. A。理由：以毛作净是指按毛重来计算商品的重量。在国际贸易中，对于价值较低的粮食、饲料等商品，往往采取以毛作净来计算其重量。

11. B。理由：对于大批量交易的散装货，因较难掌握商品数量，通常在合同中规定溢短装条款，以便卖方交货数量在一定的幅度内有灵活性。

12. B。理由：净重是指商品本身的重量，即除去包装物后商品的实际重量。净重是国际贸易中最常见的计重办法。若合同中未规定商品的重量是按毛重还是按净重计算时，按照国际惯例，计价的重量应理解为按净重计算。

13. B 。理由：根据《公约》第 52 条第 2 款的规定：“如果卖方交付的货物数量大于合同规定的数量，买方可以收取也可以拒绝收取多交部分的货物。如果买方收取多交部分货物的全部或一部分，他必须按合同价格付款。”

14. A。理由：根据《UCP600》第 30 条 a 款的规定：“‘约’或‘大约’用于信用证金额、数量或单价时，应解释为允许有关金额或数量或单价有不超过 10% 的增减幅度。”

15. B。理由：根据《UCP600》第 30 条 b 款的规定：“只要信用证未注明货物以包装单位或个数计数，并且总支付金额不超过信用证金额，货物数量准许有 5% 的增减幅度。”

16. C。理由：销售包装又称内包装，它是直接接触商品并随商品进入零售网点和消费者直接见面的包装，具有保护、美化、宣传、促销产品等作用，一般不具有方便运输的功能。

17. B。理由：指示性标志是指对于容易破碎、残损、变质的货物，提示人们在装卸、运输和保管过程中需要注意的事项的标志，“小心轻放”属于指示性标志。

18. B。理由：1991 年 4 月我国正式加入国际物品编码协会，分配给中国大陆的国别号为 690、691 和 692，香港为 489，台湾为 471。

19. B。理由：德国禁止以木板箱作为进口商品包装。

20. D。理由：除非买方对包装有特殊要求，需要在合同的包装条款中明确包装材料由谁供应和包装费用由谁负担之外，包装费用一般包含在货价之内，不另行计收。

（三）多项选择题

1. BC。理由：商品的质量是指商品的内在素质和外观形态的综合，前者包括商品的物理性能、机械性能、化学性能和生物特征等自然属性；后者包括商品的外形、色泽、款式和透明度等。

2. ABCD。理由：商品的内在素质包括商品的物理性能、机械性能、化学成分和生物特征等自然属性。

3. ABCD。理由：商品的外观形态包括商品的外形、色泽、款式和透明度等。

4. BC。理由：在国际贸易中表示品质的方法主要可分为以实物表示商品的品质和以说明表示商品的品质两大类。

5. ABCD。理由：以说明表示商品质量的方法可分为凭规格买卖、凭等级买卖、凭标准买卖、凭说明书和图样买卖、凭商标或品牌买卖和凭产地名称买卖六种。

6. BCD。理由：在实际出口业务中，家用陶瓷、服装、儿童玩具、工艺品、食品等产品的出口多采用样品来表示其品质，机电产品多采用说明书和图样来表示其品质。

7. ABD。理由：商品品质机动幅度的规定方法有：规定一定的范围；规定一定的极限；规定一定上下差异的幅度。

8. ABCD。理由：在国际贸易中，常用的度量衡制度有公制、英制、美制和国际标准计量组织在公制基础上颁布的国际单位制。

9. ABCD。理由：piece（只、件）、dozen（打）、set（套）和 ream（令）都是常用的个数单位。

10. ABC。理由：生丝、羊毛、棉花属于价值较高而水分含量受到客观环境影响较大的商品。

11. ABC。理由：在拟订出口销售合同的数量条款中，商品数量的溢短装条款内容主要包括溢短装的百分比、溢短装的选择权和溢短装部分的作价。

12. ABCD。理由：在国际贸易中，常见的计量方法有毛重、净重、公量、理论重量和法定重量五种。

13. ACD。理由：根据《公约》第 52 条第 2 款的规定："如果卖方交付的货物数量大于合同规定的数量，买方可以收取也可以拒绝收取多交部分的货物。如果买方收取多交部分货物的全部或一部分，他必须按合同价格付款。"

14. BD。理由：在国际货物买卖中，根据《公约》的规定，按合同的规定接收货物，支付货款，这是买方的基本义务。

15. CD。理由：合同中的数量条款包括商品的数量和数量的计量单位两部分，如"数量：1 000 公吨"。

16. AB。理由：根据在流通过程中所起的作用不同，包装可分为运输包装和销售包装。

17. ACD。理由：在国际贸易中，运输包装的标志主要分为运输标志、指示性标志和警告性标志三种。

18. ABC。理由：唛头是运输标志的俗称，是指书写、压印或刷制在外包装上的图形、文字和数字。运输标志通常是由一个简单的几何图形和一些字母、数字及简单的文字组成，其主要内容包括：①收货人及（或）发货人名称的代用简字或代号；②目的港（地）名称；③件号、批号。

19. ABC。理由：1991 年 4 月我国正式加入国际物品编码协会，该协会分配给中国大陆的国别号为 690、691 和 692。

20. ABCD。理由：中性包装是指既不标明商品的生产国别、地名和厂商名称，也不标明商标或牌号的包装。

21. ABCD。理由：货物的包装特点和要求包括防压、防霉、防震和防静电等。

22. ABCD。理由：在国际贸易中，为了避免引起争议，合同的包装条款应明确规定具体的要求，交货时卖方不能随意更改包装方式、包装材料和每件包装所含商品的数量或重量。

（四）判断题

1. 错误。理由：凭规格买卖能比较方便、准确地表示商品的品质，在国际贸易中应用最广。

2. 错误。理由：复样是指卖方向买方提供样品时，留存一份或若干份相同的样品，以备日后交货或处理争议时核对。而按买方来样，卖方复制出一个样品寄交买方确认，这种经确认的样品被称为对等样品。

3. 错误。理由：在国际贸易中，卖方在合同中规定了用一种或一种以上的方法来表示商品的品质，则卖方交付货物的品质就必须与合同规定的品质条件相符，否则按卖方违约论处。因此，用一种方法就能明确表示商品的品质时，就在合同中用一种方法，以免用两种或多种方法给卖方交货带来不便。

4. 错误。理由：在国际贸易中，商品品质的规定一般要有一定的灵活度，以方便卖方交货。本案对商品的品质指标规定得过于死板，这不利于卖方的交货。

5. 正确。理由：在国际贸易中，若卖方交货的品质指标在合同规定的品质机动幅度或品质公差范围内，证明卖方的交货符合合同的规定，一般不另行增减价格，除非合同就卖方交货的品质规定了品质增减价条款。

6. 错误。理由：在国际贸易中，棉花一般以包为单位，一标准包毛重为 500 磅，净重 478 磅。

7. 错误。理由：在国际贸易中，当买卖双方没有特别说明时，按照国际惯例，计价的重量应理解为净重。

8. 错误。理由：实行英制的国家一般采用长吨，实行美制的国家一般采用短吨。1 长吨 =1.016 公吨，1 短吨 =0.907 公吨。

9. 错误。理由：《公约》第 52 条第 2 款的规定，如果卖方交货数量大于合同规定的数量，买方可以收取也可以拒收多交部分的货物。因此，买方可以拒收多交部分的货物，但不能拒收合同规定的货物。

10. 正确。理由：《中华人民共和国计量法》第 3 条规定："国际单位制计量单位和国家选定的其他计量单位，为国家法定计量单位。"

11. 错误。理由：以毛作净就是按毛重作为净重计算。

12. 错误。理由：国际贸易中的棉毛、羊毛、生丝等商品有较强的吸湿性，其所含水分受客观环境的影响较大，因此通常以公量计算此类商品的重量。

13. 错误。理由：若合同没有规定，对溢短装部分的货物，依惯例应按合同价格计算。

14. 正确。理由：交货时数量机动幅度的设定可由卖方选择也可由买方选择，还可以由船方选择。不论由何方选择，每次装货都应该考虑船舶装载量。

15. 正确。理由：在拟订出口销售合同的数量时，实务中数量机动幅度一般设定为5%。

16. 错误。理由：数量机动幅度的设定可以由卖方、买方或船方选择，卖方不是唯一的决定者。

17. 错误。理由：并非所有商品都要经过包装才能销售，如矿砂、钢筋等。

18. 错误。理由：在国际贸易中，运输包装标志按用途划分为运输标志、指示性标志和警告性标志。

19. 正确。理由：商品的包装是整体商品的重要组成部分，商品在作价时一般都包括了商品包装的费用，因此，包装费用一般包括在货价之内，不另计收。

20. 错误。理由：在国际贸易中，卖方交付货物的包装必须与合同规定的包装条件完全相符。若合同规定出口货物为散装货，则货物就不应采用麻袋包装。即使卖方不另外加收麻袋包装费，也属于违约行为，买方可以卖方交货的包装条件不符合合同的规定而提出索赔。

21. 错误。理由："爆炸品标志""易燃气体标志""有毒品标志"等属于警告性标志。

22. 正确。理由：出口厂商采用定牌生产时，应要求买方提供其得到合法授权或者是商标持有人的直接授权的证明，以免发生侵权纠纷。

23. 错误。理由：EAN 条形码由国际物品编码协会统一分配和管理。其中，标准版有 13 位标识数字，缩短版只有 8 位标识数字。

（五）计算题

解：$公量=\frac{商品净重\times(1+标准回潮率)}{(1+实际回潮率)}=\frac{50\times(1+10\%)}{(1+8\%)}\approx 50.93$（公吨）

答：该批商品的公量为 50.93 公吨。

（六）操作题

1. 卖方最多可交 105 公吨，最少可交 95 公吨。多交部分的作价方法有：①按合同价格作价；②按市场价格作价。若双方未约定多交部分如何作价，则根据《公约》的规定，应按合同价格作价。因该商品的市场价格暴涨，卖方应少交，即只交 95 公吨对卖方有利。

2. 唛头制作如下：

ABC

01－368－98

Osaka Japan

Nos：1－50

（七）案例分析题

1. 答：我方这样做是不合适的。根据《公约》的规定，若卖方交付货物不符合约定的品名或说明，买方有权提出损害赔偿要求，直至拒收货物或撤销合同。因此，卖方在交货时，对于货物的质量（包括规格、花色搭配、型号等）应严格遵守合同的规定。我方在发现B型电冰箱数量短缺后，应先征得买方的同意再发货，而不能擅自以其他型号的电冰箱来代替。因此，我方的做法是不合适的。

2. 答：对方的要求是合理的。因为我方交货的品质不符合合同的规定，理应给予对方一定金额的损害赔偿。合同中就这一类较难掌握交货品质的出口商品的品质条款，应采用规定品质公差或品质机动幅度的方法，来避免因交货品质难以掌握给我方交货带来的困难。

3. 答：我方不应同意对方的要求。因为合同中规定的复验期内，越商复验后未提出任何异议，说明货物质量得到越商认可。而半年后镰刀全部生锈的原因不是镰刀本身的内在缺陷，而是镰刀与空气中的氧发生了氧化作用引起的，是一种自然现象。故尽管我方留存的复样也存在类似现象，我方也不能同意对方的要求。

4. 答：卖方能收回多交的15公吨小麦的货款。根据《UCP600》第30条b款的规定："只要信用证未注明货物以包装单位或个数计数，并且总支付金额不超过信用证金额，货物数量准许有5%的增减幅度。"本案卖方出口的商品是1 000公吨散装小麦，合同未表明可否溢短装，按规定允许有5%的增减，即多交货物在50公吨以内都是允许的。本案卖方只是多交了15公吨，因此卖方可以收回多交的货款。

5. 答：澳洲客商的要求是合理的。卖方交货的数量应严格按照合同的规定执行，且应按商品的净重交货。本案中，我方用双线新麻袋包装货物，每袋50千克，但货物扣除皮重后不足500公吨，说明我方短量交货，买方有权要求我方退回因短量而多收的货款。因此，澳洲客商的要求是合理的。

6. 答：这是一宗侵犯商标权的案件，日本A商冒充日本B商已经注册的商标，已构成侵权行为。B商有权向法庭上诉，依法追究A商的责任。我国内地接受定牌生产的企业应注意严格审查定牌的商标是否属于当事人合法所有，并在定牌生产协议中明确规定"如商标涉及工业产权，应由对方负责"。本案中，如果日本B商在我国内地起诉，内地的加工企业也将受到中国法律的干预或制裁。

第三章
国际货物运输

一、练习题

（一）名词解释

1. 班轮运输　　2. 滞期费　　3. 国际多式联运
4. 大陆桥运输　　5. 海运提单

（二）单项选择题

1. 国际货物运输中，最主要的、货运量占比最大的运输方式是（　　）。
   A. 海洋运输　　B. 铁路运输
   C. 航空运输　　D. 邮包运输
2. 班轮运费是指班轮公司为运输货物而向货主收取的费用，班轮运费包括（　　）。
   A. 装卸费，但不计滞期费、速遣费
   B. 装货费，不包括卸货费
   C. 卸货费，不包括装货费
   D. 装卸费和速遣费，但不计滞期费
3. 计算某种商品的班轮运费时，其基本运费计收标准在运价表中标注为“W/M”，意指该商品的基本运费按（　　）计收。
   A. 重量　　B. 体积
   C. 重量或体积　　D. 重量、体积中较高者
4. 在班轮运价表中注有“A. V.”或“Ad. Val.”字样，表示该货物的运费按货物的价格计收，即以有关货物的（　　）总价值按一定的百分比收取。
   A. CIF　　B. FOB
   C. CFR　　D. CIP
5. 在班轮运价表中注有“W/M or A. V.”字样，表示该货物的运费按（　　）收取。
   A. 重量吨
   B. 尺码吨
   C. 重量吨、尺码吨、货物的价格三者中的较高者
   D. 从重量吨、尺码吨两者中选择较高者，另加收一定百分比的从价运费
6. 有关货物运输中的附加费，下列表述错误的是（　　）。
   A. 附加费包含在基本运费之内，不必另外加收
   B. 超重附加费每转船一次就加收一次

C. 超长附加费每转船一次就加收一次

D. 若货物既超重又超长，其附加费以超重附加费和超长附加费中较高者计收

7. 在定程租船运输合约中，出租人和承租人在有关装卸费用的分担方面，可以有若干种约定，其中使用较多的是（　　）。

A. FO　　B. FIO 或 FIOST

C. FOB Liner Terms　　D. FI

8. 实务操作中，下列物品比较适用于航空运输的是（　　）。

A. 螺纹钢　　B. 大豆

C. 冰鲜三文鱼　　D. 原油

9. 对于集装箱运输，下列表示为整箱货的是（　　）。

A. LCL　　B. TEU　　C. FCL　　D. CFS

10. 由我国江苏连云港经新疆、哈萨克斯坦、俄罗斯、波兰、德国至荷兰鹿特丹的大陆桥称为（　　）。

A. 美国大陆桥　　B. 新亚欧大陆桥

C. 中美大陆桥　　D. 西伯利亚大陆桥

11. 最早开辟的从远东到欧洲水陆联运线路中的大陆桥是（　　）。

A. 美国大陆桥　　B. 新亚欧大陆桥

C. 中美大陆桥　　D. 西伯利亚大陆桥

12. 当今全球国际贸易货物运输中，最重要的大陆桥运输路线是（　　）。

A. 美国大陆桥　　B. 新亚欧大陆桥

C. 中美大陆桥　　D. 西伯利亚大陆桥

13. 海运提单根据收货人抬头分类的情况下，只有经过背书才能转让的提单是（　　）。

A. 指示提单　　B. 不记名提单

C. 记名提单　　D. 清洁提单

14. 多式联运提单是指由联运人也就是经营运输的"无船承运人"签发的提单，签发多式联运提单的联运人的责任是（　　）。

A. 只对第一程运输负责　　B. 必须对全程运输负责

C. 只对铁路运输负责　　D. 只对海洋运输负责

15. 我国对外贸易中，每年对北美地区的出口额占比较大，我国到北美地区的货物运输单据通常使用（　　）。

A. 铁路运单　　B. 陆运收据

C. 海运提单　　D. 航空运单

16. 海运提单签发日期应理解为（　　）。

A. 货物开始装船的日期　　B. 货物装船过程中任何一天

C. 货物装船完毕的日期　　D. 签订运输合同的日期

17. 在提单条款的国际公约中，最受货主认可的公约是（　　）。

A.《海牙规则》　　B.《汉堡规则》

C.《维斯比规则》　　D.《托收统一规则》

18. 在国际贸易中，卖方在货物装运后应及时向买方发出装运通知（Shipping Advice），特别是以（　　）贸易术语成交时，卖方必须及时通知买方。

A. DDP　　B. CIP

C. CFR　　D. CIF

19. 信用证规定“于或约于2020年5月31日装船”，我方应在（　　）期限内装船。

A. 2020年5月26日至6月5日　　B. 2020年6月5日以前

C. 2020年6月5日以后　　D. 2020年6月5日左右

20. 根据《UCP600》的规定，若信用证条款中未明确规定是否“允许分批装运”“允许转运”，则应视为（　　）。

A. 允许分批装运，但不允许转运　　B. 允许分批装运和转运

C. 允许转运，但不允许分批装运　　D. 不允许分批装运和转运

（三）多项选择题

1. 海洋运输按船公司对船舶的经营方式不同可分为（　　）两大类。

A. 定期租船　　B. 班轮运输

C. 租船运输　　D. 定程租船

2. 班轮运输最基本的特点是（　　）。

A. 固定的港口和固定的航线　　B. 固定的船期

C. 相对固定的运费费率　　D. 货物由班轮公司负责配载和装卸

3. 在国际贸易货物运输中，班轮运输具有“四固定”的特点，即（　　）。

A. 固定的付费方式　　B. 固定的港口和固定航线

C. 固定的船期　　D. 相对固定的运费费率

4. 在国际贸易货物运输中，班轮运费由（　　）组成。

A. 基本运费　　B. 附加运费

C. 速遣费　　D. 滞期费

5. 租船运输既没有固定的船舶班期，也没有固定的航线和挂靠港，而是按照货源的要求和货主对货物运输的要求，安排船舶航行计划，组织货物运输。租船运输包括（　　）。

A. 定期租船　　B. 集装箱运输

C. 班轮运输　　D. 定程租船

6. 某份CIF合同，卖方采用定程租船方式装载货物，在租船合同中规定，装货时间是6个“连续24小时好天气工作日”，该批货物于8月19日开始装船，下列（　　）不应计入装货时间。

A. 8月21日（周六休息）　　B. 8月24日（暴雨无法装船）

C. 8月22日（周日休息）　　D. 8月25日（暴雨无法装船）

7. 构成国际多式联运应具备的条件是（　　）。

A. 必须要有一份多式联运合同和使用一份包括全程的多式联运单据

B. 由一个多式联运经营人对全程运输负责

C. 必须是至少两种不同运输方式的连贯运输而且是国际间的货物运输

D. 必须是全程单一的运费费率

8. 联运提单与国际多式联运单据在性质上的区别是（　　）。

A. 使用的范围不同　　B. 签发人不同

C. 签发人对运输负责的范围不同　　D. 运费费率不同

9. 海运提单是承运人或其代理人签发的货物收据，证明承运人已经按海运提单所列内容收到货物。海运提单是（　　）。

A. 海运单据的唯一表现形式

B. 承运人或其代理人出具的货物收据

C. 代表货物所有权的凭证

D. 承运人与托运人之间订立的运输契约的证明

10. 海运提单内容的固定部分是指海运提单背面条款，针对提单条款，国际上先后签署了（　　）国际公约。

A.《海牙规则》　　B.《汉堡规则》

C.《维斯比规则》　　D.《托收统一规则》

11. 我国出口贸易中，使用频率最高的提单通常是（　　）。

A. 清洁提单　　B. 指示提单

C. 已装船提单　　D. 记名提单

12. 为了保证安全收汇，外贸出口公司不接受（　　）等类型的提单。

A. 不清洁提单　　B. 过期提单

C. 倒签提单　　D. 清洁已装船提单

13. 国际货物买卖合同中对装运期的规定，比较常见的方法有（　　）。

A. 规定在某一天装运

B. 明确规定具体的装运期限

C. 不规定装运期

D. 规定在收到信用证或定金后若干天内装运

14. 国际货物买卖合同的装运条款，比较常见的装运港和目的港的规定方法有（　　）。

A. 笼统地规定装运港和目的港

B. 一般情况下，只规定一个装运港和一个目的港

C. 大宗商品可规定两个装运港和目的港

D. 在双方洽商暂无法确定装运港和目的港时，可采用选择港的方式

15.《UCP600》对分批装运所作的规定主要有（　　）。

A. 运输单据表明货物是使用同一运输工具并经由同一路线运输的，即使运输单据注明装运日期及装运地不同，只要目的地相同，也不视为分批装运

B. 除非信用证另有规定，允许分批装运

C. 除非信用证另有规定，不允许分批装运

D. 如信用证规定在指定的时间内分批装运，若其中任何一批未按约定的时间装运，除非信用证另有规定，否则信用证对该批和以后各批均告失效

（四）判断题

1. 海洋运输一直以来都是国际贸易货物运输中最主要的方式，根据营运方式可分为

班轮运输和租船运输。在海洋运输业务中，租船运输方式所占比率最大。(　　)

2. 班轮运费是指班轮公司为运输货物而向货主收取的费用，班轮运费特指基本运费，不包含附加费。(　　)

3. 在国际货物运输中，班轮运费若以重量吨收取，一般按净重计收。(　　)

4. 班轮运价表通常将承运货物分为若干等级，每一个等级有一个基本费率，属于第一级的费率最高。(　　)

5. 班轮运费的计收标准中，重量吨和尺码吨统称为运费吨。(　　)

6. 班轮运费计收标准中的“W/M Plus Ad. Val.”是指计收运费时，应选三者中较高者计收。(　　)

7. 依国际航运惯例，速遣费费率与滞期费费率相同。(　　)

8. 国际航协规定，国际货物的计费重量以 0. 5 千克为最小单位，重量尾数不足 0. 5 千克的，按 0. 5 千克计算；0. 5 千克以上不足 1 千克的，按 1 千克计算。

9. 在租船合同的装卸时间的规定方法中，“连续 24 小时好天气工作日”在实务中应用最广。(　　)

10. 国际邮政运输具有广泛的国际性，是一种“门到门”的运输方式。(　　)

11. 铁路运单是物权凭证，可以通过背书进行转让和作为抵押品向银行融通资金。(　　)

12. 海运提单是承运人和托运人之间所订立的运输契约。(　　)

13. 不清洁提单是指提单表面不清洁、有污渍的提单。(　　)

14. 不记名提单是指在收货人栏内不填写收货人名称而留空的提单，故又称空白提单，它与空白抬头提单是两个不同的概念。(　　)

15. 航空运单是物权凭证，持有航空运单就可以对货物要求所有权，可以通过背书进行转让和作为抵押品向银行融通资金。(　　)

16. 对装运时间的掌握，《UCP600》第 3 条规定，“于或约于（on or about）”或类似意义的词语将被解释为一项规定，按此规定，某项事件将在明确指定的日期前后 10 个日历日内发生，起日均包括在内。(　　)

17. 在规定装运期条文时，如使用了“迅速”“立即”“尽快”或类似词句者，按《UCP600》规定，银行将不予置理。(　　)

18. 同一票货物如包装不同，其计费标准和等级也不同，如托运人未按不同包装分别列明毛重和体积，则全票货物均按收费较高者计收运费。(　　)

19. 根据《UCP600》的规定，除非信用证另有规定，不准许分批装运和转运。(　　)

20. 即使运输工具在同一天出运并开往同一目的地，只要提交的数套运输单据中表明货物系在同一种运输方式下使用不止一个运输工具运输，就被视为分批装运。(　　)

（五）计算题

1. 广东某出口公司以 CIF 费利克斯托出口一批货物到英国，货物装于两个 40 英尺集装箱，从广州装运出口，经香港转船到达英国费利克斯托港口。已知每个 40 英尺集装箱：从香港到费利克斯托运费为 3 500 美元，广州至香港为 150 美元。另有港口拥挤附加费 10%，燃油附加费 5%。问：该出口公司应支付多少运费？

2. 某公司出口商品共 1 000 箱，每箱的体积为 30cm×60cm×50cm，每箱的毛重为 40 千克，该货物的计费标准为 W/M，从深圳港运往新加坡港，基本运费为每运费吨 109 美元，另收燃油附加费 20%，港口拥挤费 20%，货币贬值附加费 10%。问：该批货物的运费是多少美元？

3. 广州某公司出口货物共 200 箱，对外报价为每箱 438 美元 CFR 曼谷，菲律宾商人要求将价格改报为 FOB 广州。问：每箱货物应付的运费及应改报的 FOB 广州价为多少？（已知该批货物每箱的体积为 45cm×35cm×25cm，每箱的毛重为 30 千克，商品计费标准为 W/M，广州到曼谷每运费吨为 250 美元，另须加收燃油附加费 20%，货币贬值附加费 10%，港口拥挤费 20%）

4. 我方按 CFR 迪拜价格出口洗衣粉 800 箱，该商品内包装为塑料袋，每袋 0.5 千克，外包装为纸箱，每箱 50 袋，箱的尺寸为：长 47cm、宽 30cm、高 20cm，基本运费为每尺码吨 56 欧元，另加收燃油附加费 33%，港口附加费 5%，转船附加费 15%，计费标准为 M。问：该批商品的运费为多少？

5. 某自行车制造公司向东京某进口商出口自行车 3 500 辆，每辆自行车分拆后装于一个纸箱中，已知一个纸箱体积是 20cm×50cm×120cm，计费标准为 M，基本运费为每运费吨 380 港元，另加收燃油附加费 30%，港口拥挤费 10%。问：该批商品的运费是多少？

6. 某程租船在广州港卸化肥 30 000 公吨。合同规定允许卸货时间为 6 个连续 24 小时好天气工作日。以 5 个舱口卸货为基础，每个舱口日卸 1 000 公吨，星期六、日、节假日除外，即使用了也不算。滞期费每天 6 000 美元，速遣费每天 3 000 美元。船长递交备卸通知书通知租方或其代理接受后 24 小时开始生效，节假日前 13 点后和后一天上午 8 点前不计入允许卸货时间，即使用了也不算。根据以下卸货时间表：

卸货时间表

日期	星期	记录和说明
9 月 20 日	一	租方代理 9 点接受备卸通知书
9 月 20 日	一	上午 0 时 5 个舱口全部开始作业
9 月 21 日	二	5 个舱口全部日夜作业
9 月 22 日	三	5 个舱口全部作业至 9 时，9 时后因雨停工
9 月 23 日	四	因雨停工，上午 10 时后雨停，5 个舱口全部作业
9 月 24 日	五	5 个舱口全部作业
9 月 25 日	六	5 个舱口全部作业
9 月 26 日	日	5 个舱口全部作业

（续上表）

卸货时间表		
日期	星期	记录和说明
9 月 27 日	一	5 个舱口全部作业
9 月 28 日	二	上午 12 时全部货物卸完

问：应付的滞期费或应得的速遣费是多少？

7. 某公司出口水泥 9 000 公吨，租船合同对装卸条件的规定如下：①连续 24 小时好天气工作日，节假日除外，如果用了则计算（周六、日为公休日）；②每一工作日装货 1 500公吨，6 天装卸完毕，滞期一天罚款 6 000 美元，速遣一天减半；③节假日前一天 18 点后和节假日后一天 8 点前不算入应允许的装卸时间，如果用了则计算。

卸货时间表		
日期	星期	记录和说明
8 月 13 日	四	8 时到 24 时工作
8 月 14 日	五	0 时到 24 时工作
8 月 15 日	六	0 时到 18 时工作
8 月 16 日	日	8 时到 24 时加班（有 4 小时下雨停工）
8 月 17 日	一	0 时到 8 时加班，8 时到 24 时工作（有 3 小时下雨停工）
8 月 18 日	二	0 时到 3 时装卸完毕

问：应付的滞期费或应得的速遣费是多少？

（六）操作题

广东省轻工家电进出口公司向阿拉伯联合酋长国开特公司出口节能灯 5 000 只，规格为 7W/220V 2U，9W/220V 2U，每种规格各 2 500 只，每只 2 美元 FOB 广州，纸箱包装，每箱 100 只，箱件尺寸为 50cm × 20cm × 30cm，毛重为 10 千克/箱，运输标志（唛头）为：

AL SHAMALI

DUBAI

Nos：1 – 50

货物于 2019 年 2 月 18 日在广州装“成功”运往香港，在香港转船装 E001 航次的“丽京”轮运往阿拉伯联合酋长国迪拜，请根据上述条件填制一份“清洁、已装船、由广东省轻工家电进出口公司指示”的提单，要求通知阿拉伯联合酋长国开特公司，并注明“运费到付”，提单号码为 ABC08987。

BILL OF LADING

<table>
<tr><td colspan="2">Shipper</td><td colspan="2">B/L No.</td></tr>
<tr><td colspan="2">Consignee</td><td colspan="2">Combined Transport BILL OF LADING</td></tr>
<tr><td colspan="2">Notify Address</td><td colspan="2" rowspan="3">For delivery of goods please apply to :</td></tr>
<tr><td>Pre-carriage by</td><td>Place of Receipt</td></tr>
<tr><td>Ocean Vessel　Voy. No</td><td>Port of Loading</td></tr>
<tr><td>Port of Discharge</td><td>Place of Delivery</td><td></td><td>Final Destination for the Merchant's Reference only</td></tr>
</table>

<table>
<tr><td>Container, Seal No. & Marks & Nos.</td><td>No. of Package & Description of Goods</td><td>Gross Weight Kgs</td><td>Measurement m^3</td></tr>
<tr><td colspan="4">—Particulars Furnished by Merchants—</td></tr>
</table>

FREIGHT & CHARGES	Revenue Tons.	Rate Per	Prepaid	Collect

<table>
<tr><td rowspan="2">Ex. Rate:</td><td>Prepaid at</td><td>Payable at</td><td>Place and date of issue</td></tr>
<tr><td>Total Prepaid</td><td>No. of Original B (s) /L</td><td>Stamp & Signature</td></tr>
</table>

LADEN ON BOARD THE VESSEL

Date

By ______________________________

（七）案例分析题

1. 广东东莞 A 公司以 CFR 纽约条件向美商出口针织成衣 350 箱，集装箱运输，CY/CY。A 公司按期装运并取得“清洁、已装船”提单，提单上表明由托运人装货并计数。30 天后，美商来函称：经有关船方、海关、保险公司、公证行会同对到货开箱检验，发现其中有 20 箱包装严重破损，每箱均有短少，共缺针织成衣 400 件。各有关方均证明集装箱外表完好无损，美商要求 A 公司赔偿其货物短缺的损失，并承担全部检验费共 3 000 美元。问：美商的要求是否合理？为什么？

2. 我方某外贸公司与法国某公司达成一笔出口交易，法商按期开来不可撤销信用证，证中规定最迟装运期为 2019 年 12 月 31 日，议付有效期为 2020 年 1 月 15 日。我方按期完成装运，并取得签发日为 2019 年 12 月 10 日的提单，当我方备齐单据于 2020 年 1 月 4 日向银行交单议付时，银行以过期提单为由拒付货款。问：银行的拒付是否有理？为什么？

3. 广东省茶叶进出口公司于 9 月 25 日接澳商来电洽购茶叶 50 公吨。正好该公司有现货存放在装运港仓库，并查悉 10 月份有班轮直驶澳大利亚。我方即于 10 月 1 日与澳商达成交易：一级红茶 50 公吨，每公吨 1 500 美元 CIF 悉尼，即期不可撤销信用证付款，装运期限为 10 月底。我方立即组织装运，并取得 10 月 15 日的“清洁、已装船”提单，但对方 10 月 29 日才通过银行开立信用证。当我方备齐单据向银行交单议付时，银行以先期提单为由拒付货款。问：银行的拒付是否有理？为什么？

4. 我 A 公司与国外 B 公司达成一笔出口合同，信用证规定“数量 9 000 公吨，7—12 月份分批装运，每月装 1 500 公吨”。卖方在 7—9 月份每月装 1 500 公吨，银行已分批凭单付款。第四批货物原定 10 月 15 日装运出口，但由于台风登陆，第四批货物延迟至 11 月 2 日才装船运出。当 A 公司凭 11 月 2 日的装船提单向银行议付时，遭银行拒付。后来 A 公司又以“不可抗力”为由要求银行付款，亦遭银行拒绝。问：在上述情况下，银行有无拒付的权利？为什么？

5. 我方 A 公司向荷兰 B 公司出口一批医疗用品，合同规定信用证付款，A 公司不迟于 5 月底前交货，禁止分批装运。A 公司按合同规定，于 5 月 15 日将 20 公吨医疗用品在福州港装上“嘉陵”号轮，又由“嘉陵”号轮在厦门港续装 30 公吨医疗用品，5 月 20 日 A 公司同时取得了福州港和厦门港签发的目的港同为鹿特丹的两套提单。A 公司备齐单据到银行交单议付时，银行以分批装运为由拒付货款。问：银行的拒付是否有理？为什么？

6. 我某公司与美国某客商以 FOB 条件出口大枣 5 000 箱，5 月份装运，合同和信用证均规定不允许分批装运。我方于 5 月 10 日将 3 000 箱货物装上“喜庆”号轮，取得 5 月 10 日的海运提单；又于 5 月 15 日将 2 000 箱货物装上“飞雁”号轮，取得 5 月 15 日的海运提单，两轮的货物在新加坡转船，均由“顺风”号轮运往旧金山港。问：我方的做法是否合适？为什么？

二、参考答案

（一）名词解释

1. 班轮运输又称定期船运输，是指船舶按照固定的船期表，沿着固定的航线和港口并按相对固定的运费费率收取运费的运输方式。

2. 滞期费（Demurrage）是一种补偿金。如果在约定的允许装卸时间内未能将货物装卸完，致使船舶在港内停泊时间延长，给船方造成经济损失，则延迟期间的损失，应按约定每天补偿若干金额给船方，这项补偿金叫滞期费。

3. 国际多式联运是指按照多式联运合同，以至少两种不同的运输方式，由多式联运经营人将货物从一国境内接收货物的地点运往另一国境内指定交付货物的地点的运输方式。

4. 大陆桥运输是指使用横贯大陆的铁路或公路运输系统作为中间桥梁，把大陆两端的海洋运输连接起来的连贯运输方式。

5. 海运提单是由船长或承运人或其代理人签发的，是证明收到特定的货物，允许将货物运至特定的目的地并交付于收货人的凭证。

（二）单项选择题

1. A。理由：国际货物运输中，海洋运输约占总货运数量的60%，是国际贸易货物运输中最主要的运输方式。

2. A。理由：在班轮运输方式下，船方管装管卸，装卸费用已计入班轮运费中，因此，班轮运费包括装卸费。

3. D。理由：W/M 中的“W”是指 Weight，“M”是指 Measurement，W/M 是指以重量吨、尺码吨两者中，选择较高者收费。

4. B。理由：按规定，从价运费是以有关货物的 FOB 总价值按一定的百分比收取。

5. C。理由：在班轮运价表中注有“W/M or A. V.”字样，表示该货物的运费按重量吨、尺码吨、货物的价格三者中的较高者收取。

6. A。理由：附加费是指针对某些特定情况或需要作特殊处理的货物而在基本运费之外加收的费用。实际业务中超重附加费、超长附加费每转船一次就加收一次，若货物既超重又超长，其附加费以超重附加费和超长附加费中较高者计收。

7. B。理由：在定程租船情况下，租金是否包括装卸费，由船租双方约定，一般有下列几种不同的规定方法：①船方不负担装卸费（FIO）或船方不负担装卸、理舱与平舱费（FIOST）；②船方负担装卸费（Gross Terms）；③船方只负担装费，不负担卸费（FI）；④船方只负担卸费，不负担装费（FO）。其中使用较多的是船方不负担装卸费（FIO）或船方不负担装卸、理舱与平舱费（FIOST）。

8. C。理由：航空运输适用于运输鲜活、易腐、精密仪器、贵重物品以及紧急物品。

9. C。理由：LCL（拼箱货），TEU（20 英尺集装箱），FCL（整箱货），CFS（货运站）。

10. B。理由：由我国连云港至荷兰鹿特丹的大陆桥称为新亚欧大陆桥。它东起太平洋西岸连云港等中国东部沿海港口，西可达大西洋东岸荷兰鹿特丹、比利时安特卫普等港口，横贯亚欧两大洲中部地带，总长约 10 900 千米，于 1992 年开始营运。

11. A。理由：美国大陆桥（U. S. Land Bridge Transport）是最早开辟的从远东到欧洲水陆联运线路中的大陆桥。远东至欧洲的船舶利用美国大陆的运输线中转，达到了航程短、时间快、运费低的目的。

12. D。理由：西伯利亚大陆桥经俄罗斯远东的纳霍德卡港和东方港，横贯西伯利亚，到莫斯科，进而扩散到欧洲，是全球最重要的大陆桥运输线路。与海运比较，西伯利亚大陆桥有运输距离缩短 1/2、途中时间减少 50%、运输成本降低 20% ~30% 等优点。

13. A。理由：提单根据收货人抬头不同可分为记名提单、不记名提单和指示提单三种。其中记名提单只能由提单上指定的收货人提货，不能背书转让；不记名提单在收货人栏内没有指明具体的收货人，因此，谁取得提单，谁就可以提货，风险较大。只有指示提单可以经过背书转让，在国际贸易中被广泛使用。

14. B。理由：签发国际多式联运提单的联运经营人，必须对全程运输负责，即不论货物在哪种运输方式下发生属于承运人责任范围内的灭失或损害，其都要对托运货物的人承担赔偿责任。

15. C。理由：在国际贸易中，我国出口至北美的货物一般采用海洋运输，则出口结汇时，通常采用海运提单。

16. C。理由：海运提单的签发日期，表示货物实际装运的时间或已经接受船方、船代理的有关方面监管的日期。

17. B。理由：《汉堡规则》全称为《联合国海上货物运输公约》，《汉堡规则》废除了《海牙规则》规定的船舶航行和船舶管理上过失的免责，加重了承运人的责任，货主的诉讼时效延长至两年，是三个公约中最受货主认可的公约。

18. C。理由：根据《2020 年通则》的规定，在 CFR 贸易术语下，卖方在装船完毕后，应及时向买方发出装运通知，以便买方办理投保手续。否则，卖方应承担货物在运输途中的风险与损失。

19. A。理由：《UCP600》第 3 条规定，“于或约于（on or about）”或类似意义的词语将被解释为一项规定，按此规定，某项事件将在明确指定的日期前后 5 个日历日内发生，起日均包括在内。

20. B。理由：根据《UCP600》的规定，除非信用证另有规定，可准许分批装运和转运。

（三）多项选择题

1. BC。理由：按船公司对船舶的经营方式不同，海洋商船可分班轮和不定期船两种类型。因为这两种类型的船舶在经营上各有特点，所以海洋运输又可以分为班轮运输和租船运输。

2. ABCD。理由：班轮运输最基本的特点是：①“四固定”，即固定的港口、固定的航线、固定的船期和相对固定的运费费率。②“一负责”，即货物由班轮公司负责配载和装卸。

3. BCD。理由：班轮运输主要特点中的“四固定”是指固定的港口、固定的航线、固定的船期和相对固定的运费费率。

4. AB。理由：班轮运费由基本运费和附加运费两部分组成。基本运费是指货物从装运港到目的港所应收取的费用，其中包括货物在港口的装卸费用。附加费是指针对某些特定情况或需要作特殊处理的货物而在基本运费之外加收的费用。

5. AD。理由：在国际海运业务中，租船运输包括定期租船和定程租船。

6. ABCD。理由：在租船合同中规定，装货时间是6个“连续24小时好天气工作日”，则节假日和因暴雨无法装船的时间都应该从装货时间中扣除。

7. ABCD。理由：根据《联合国国际货物多式联运公约》的解释，国际多式联运方式须同时具备以下六个条件：①必须要有一份多式联运合同；②使用一份包括全程的多式联运单据；③由一个多式联运经营人对全程运输负责；④必须是至少两种不同运输方式的连贯运输；⑤必须是国际间的货物运输；⑥必须是全程单一的运费费率。

8. ABC。理由：联运提单与国际多式联运单据在性质上的区别是：①使用的范围不同。国际多式联运单据使用范围较广。联运单据限由海运与其他运输方式所组成的联合运输使用；而多式联运单据既可用于海运与其他运输方式的联运，也可以用于不包括海运的其他运输方式的联运。②签发人不同。国际多式联运单据由多式联运经营人签发；而联运提单则由承运人、船长、船东或其代理人签发。③签发人对运输负责的范围不同。签发国际多式联运单据的联运经营人，必须对全程运输负责，即不论货物在哪种运输方式下发生属于承运人责任范围的灭失或损害，都要对托运货物的人承担赔偿责任；而联运提单的签发人，往往要在提单中申明只对第一程运输所发生的货物损害负责。

9. BCD。理由：海运提单的性质与作用是：①它是承运人或其代理人出具的货物收据；②它是代表货物所有权的凭证；③它是承运人与托运人之间订立的运输契约的证明。

10. ABC。理由：提单条款的相关国际公约有《海牙规则》《汉堡规则》和《维斯比规则》三个。

11. ABC。理由：清洁提单是指货物装船后，船公司在提单上未加注任何有关货物受损或包装不良等批注的提单；指示提单经背书可转让；已装船提单说明货物已装上指定轮船。这三种提单较能保障进出口双方的利益，实务中使用最广。

12. ABC。理由：不清洁提单、过期提单、倒签提单银行都不接受，因此不能按期收汇，外贸公司不应接受此类型的提单。

13. BD。理由：《国际货物买卖合同》中比较常见的装运期规定方法有：①明确规定具体的装运期限，这种方法包括规定某月装运、规定跨月份装运和规定在某月月底或某日前装运三种；②规定在收到信用证或定金后若干天内装运。

14. BCD。理由：国际货物买卖中比较常见的装运港和目的港的规定方法有：①一般情况下，只规定一个装运港和一个目的港；②大宗商品可规定两个装运港和目的港；③在双方洽商暂无法确定装运港和目的港时，可采用选择港的方式。

15. ABD。理由：《UCP600》规定，除非信用证另有规定，分批支款及/或装运均被允许；运输单据表面上注明同一运输工具、同一航次、同一目的地的多次装运，即使其表面上注明不同的装运日期及/或不同的装货港、接受监管地或发运地，将不视作分批装运；如信用证规定在指定的时期内分期支款及/或装运，而其中任何一批未按期支款及/或装运，除非信用证另有规定，否则信用证对该期及以后各期均告失效。

（四）判断题

1. 错误。理由：在海洋运输业务中，国际贸易的货物采用班轮运输方式所占比率最大。

2. 错误。理由：班轮运费包括货物在装运港的装货费、在目的港的卸货费以及从装运港至目的港的运输费用和附加费用。班轮运费由基本运费和附加费两部分组成。

3. 错误。理由：在国际货物运输中，一般按毛重计收班轮运费。

4. 错误。理由：属于第一级的费率最低。

5. 正确。理由：在国际贸易中，班轮运费的计收标准有按货物的毛重计收（称重量吨）、按货物的体积计收（称尺码吨）、按商品的价格计收等，其中重量吨和尺码吨统称为运费吨。

6. 错误。理由：班轮运费计收标准中的“W/M Plus Ad. Val.”是指计收运费时，选重量吨或尺码吨中较高者，再加一定百分比的从价运费。

7. 错误。理由：依国际航运惯例，速遣费费率为滞期费费率的一半。

8. 正确。理由：国际航协规定，国际货物的计费重量以 0.5 千克为最小单位。重量尾数不足 0.5 千克的，按 0.5 千克计算；0.5 千克以上不足 1 千克的，按 1 千克计算。

9. 正确。理由：“连续 24 小时好天气工作日”是指在好天气情况下，连续作业 24 小时算一个工作日，如中间因坏天气影响而不能作业的时间应予以扣除。此规定方法在实务中应用最广。

10. 正确。理由：邮政运输是一种较简便的运输方式，具有广泛的国际性，是一种“门到门”的运输方式。

11. 错误。理由：铁路运单并非物权凭证，不能通过背书进行转让和作为抵押品向银行融通资金。

12. 错误。理由：海运提单在货物装船完毕后才签发，而运输契约应在货物装船前订立。海运提单只是承运人和托运人之间所订立的运输契约的证明。

13. 错误。理由：不清洁提单是指船公司在提单上加注货物表面状况不良、有关货物受损或包装存在缺陷等批注的提单。

14. 正确。理由：不记名提单是指在收货人栏内不填写收货人名称而留空的提单，故又称空白提单；而空白抬头提单是指在抬头人栏内仅填写“凭指示”字样，并经空白背书的提单。

15. 错误。理由：航空运单并非物权凭证，持有航空运单并不说明就可以对货物要求所有权，不能通过背书进行转让和作为抵押品向银行融通资金。

16. 正确。理由：《UCP600》第 3 条规定，“于或约于（on or about）”或类似意义的词语将被解释为一项规定，按此规定，某项事件将在明确指定的日期前后 5 个日历日内发生，起日均包括在内。

17. 正确。理由：《UCP600》规定，装运期的规定不应使用诸如“迅速”“立即”“尽快”之类的词语，如使用这类词语，银行将不予置理。

18. 正确。理由：班轮公司对同一包装、同一票货物和同一提单内出现混装情况时，其计收运费的原则是就高不就低，具体收取办法是：①不同商品混装在同一包装内，全部运费一般按其中收费较高者收取；②同一票货物，如包装不同，其计费标准和等级也不同，如托运人未按不同包装分别列明毛重和体积，则全票货物均按收费较高者计收运费。③同一提单内有两种以上的货名，如托运人未分别列明不同货物的毛重和体积，则全部货物均按收费较高者计收运费。

19. 错误。理由：《UCP600》规定，除非信用证另有规定，可准许分批装运和转运。

20. 正确。理由：这是《UCP600》第31条对分批支款或分批装运的规定。

（五）计算题

1. 解：运费＝基本运费×集装箱数量×（1＋各种附加费率）

$=(3\,500+150)\times 2\times(1+10\%+5\%)$

$=8\,395$（美元）

答：该出口公司应支付8 395美元运费。

2. 解：$30cm\times 60cm\times 50cm=0.3m\times 0.6m\times 0.5m=0.09m^3$，40千克＝0.04公吨，因为计费标准为W/M，且$0.09>0.04$，所以应选择$0.09\ m^3$来计算运费。代入公式：

运费＝计费标准×基本运费×商品数量×（1＋各种附加费率）

$=0.09\times 109\times 1\,000\times(1+20\%+20\%+10\%)$

$=14\,715$（美元）

答：该批货物的运费是14 715美元。

3. 解：$45cm\times 35cm\times 25cm=0.45m\times 0.35m\times 0.25m\approx 0.039\,4m^3$，30千克＝0.03公吨，因为计费标准为W/M，且$0.039\,4>0.03$，所以应选择$0.039\,4m^3$来计算运费。代入公式：

单位运费＝计费标准×基本运费×（1＋各种附加费率）

$=0.039\,4\times 250\times(1+20\%+10\%+20\%)$

≈ 14.78（美元）

FOB＝CFR－单位运费＝$438-14.78=423.22$（美元）

答：该批货物每箱的运费是14.78美元，应该报的FOB价是423.22美元。

4. 解：该批商品的运费为：

运费＝计费标准×基本运费×商品数量×（1＋各种附加费率）

$=0.47\times 0.30\times 0.20\times 56\times 800\times(1+33\%+5\%+15\%)$

$=0.028\,2\times 56\times 800\times 1.53$

$\approx 1\,932.94$（欧元）

答：该批货物的运费是1932.94欧元。

5. 解：该批商品的运费为：

运费＝计费标准×基本运费×商品数量×（1＋各种附加费率）

$=0.20\times 0.50\times 1.20\times 380\times 3\,500\times(1+30\%+10\%)$

$=0.12\times380\times3\ 500\times1.4$

$=223\ 440$（港元）

答：该批商品的运费是 223 440 港元。

6. 解：依题意，列表如下：

日期（月/日）	9/20	9/21	9/22	9/23	9/24	9/25	9/26	9/27	9/28
时间	0：00 ~ 24：00	0：00 ~ 24：00	0：00 ~ 9：00	10：00 ~ 24：00	0：00 ~ 24：00	0：00 ~ 24：00	0：00 ~ 24：00	0：00 ~ 24：00	0：00 ~ 12：00
星期	一	二	三	四	五	六	日	一	二
当天实卸累计（小时）	24	24	9	14	24	24	24	24	12
当天应计入累计（小时）	0	15	9	14	13	0	0	16	12

应得到的速遣费是：

$$速遣费=\frac{6\times24-(15+9+14+13+16+12)}{24}\times3\ 000=8\ 125\text{（美元）}$$

答：应得到的速遣费是 8 125 美元。

7. 解：依题意，列表如下：

日期（月/日）	8/13	8/14	8/15	8/16	8/17	8/18
时间	8：00 ~ 24：00	0：00 ~ 24：00	0：00 ~ 18：00	8：00 ~ 24：00（4 小时停工）	0：00 ~ 24：00（3 小时停工）	0：00 ~ 3：00
星期	四	五	六	日	一	二
当天实装累计（小时）	16	24	18	12	21	3
当天应计入累计（小时）	16	24	18	12	21	3

应得到的速遣费是：

$$速遣费=\frac{6\times24-(16+24+18+12+21+3)}{24}\times3\ 000=6\ 250\text{（美元）}$$

答：应得到的速遣费是 6 250 美元。

（六）操作题

BILL OF LADING

<table>
<tr><td colspan="3">Shipper
广东省轻工家电进出口公司</td><td colspan="2">B/L No.
ABC08987</td></tr>
<tr><td colspan="3">Consignee
凭广东省轻工家电进出口公司指示</td><td colspan="2" rowspan="1">Combined Transport BILL OF LADING</td></tr>
<tr><td colspan="3">Notify Address
阿拉伯联合酋长国开特公司</td><td colspan="2" rowspan="3">For delivery of goods please apply to：</td></tr>
<tr><td colspan="2">Pre-carriage by</td><td>Place of Receipt</td></tr>
<tr><td>Ocean Vessel
“丽京”</td><td>Voy. No
V. E001</td><td>Port of Loading
广州</td></tr>
<tr><td colspan="2">Port of Discharge
迪拜</td><td>Place of Delivery</td><td></td><td>Final Destination for the Merchant's Reference only</td></tr>
<tr><td>Container,
Seal No. &
Marks & Nos.
AL SHAMALI
DUBAI
Nos：1－50</td><td colspan="2">No. of Package & Description of Goods
50 箱　节能灯</td><td>Gross Weight Kgs
500 千克</td><td>Measurement m^3
1.5 立方米</td></tr>
<tr><td>FREIGHT & CHARGES
运费到付</td><td>Revenue Tons.</td><td>Rate Per</td><td>Prepaid</td><td>Collect</td></tr>
<tr><td rowspan="2">Ex. Rate：</td><td>Prepaid at</td><td>Payable at</td><td colspan="2">Place and date of issue
广州　2019 年 2 月 18 日</td></tr>
<tr><td>Total Prepaid</td><td>No. of Original B（s）/L
两份</td><td colspan="2">Stamp & Signature</td></tr>
</table>

LADEN ON BOARD THE VESSEL

Date　2019 年 2 月 18 日

By ________________________

（七）案例分析题

1. 答：美商的要求是合理的。本案中，装运条件为：CY/CY，提单上表明由托运人装货并计数，意指货物由A公司自行装箱，自行封箱后将整箱货物运至集装箱堆场。箱内货物的情况如何，船方概不负责。货物运抵目的港后，在集装箱堆场负责将整箱货物交给美商，由美商开箱验货。本案经开箱检验，发现共短缺针织成衣400件，说明货物包装的破损和数量的短少，是A公司装箱时的疏忽造成的。因此，美商的赔偿要求是合理的。

2. 答：银行的拒付是有理的。根据《UCP600》的规定，卖方最长的交单期限为装船后21天，但不能超过信用证的有效期。本案中，我方取得了签发日期为2019年12月10日的提单，按规定必须在2019年12月31日前交单议付，然而我方于2020年1月4日才到银行交单议付。尽管我方未超过信用证规定的议付有效期，但我方提交的提单已构成了过期提单，银行是有权拒付的。

3. 答：银行的拒付是没有道理的。先期提单是指提单的签发日期早于信用证开立日期的提单。根据《UCP600》第14条i款规定："单据的出单日期可以早于信用证开立日期，但不得迟于信用证规定的提示日期。"本案我方10月15日装运出口，取得"清洁、已装船"提单，澳商10月29日才开立信用证，属于先期提单，银行拒付无理。

4. 答：银行有权拒收单据和拒付货款。根据《UCP600》第32条对分期支款或分期装运的规定，信用证规定的在特定期限内分期支款或分期装运，如果其中任何一期未按信用证所规定期限支款或装运，则信用证对该期及以后各期均视为无效。本案中，第四批交货未按时，因而导致该批及以后各批交货的信用证均告失效。因此，银行有拒收单据和拒付货款的权利。

A公司也不能以不可抗力为理由，要求银行凭单付款。根据《公约》有关规定，合同一方当事人因不可抗力而不能履行合同或不能按合同条件履行合同时，该当事人可免除违约的责任。但是，这些规定不能适用于信用证交易。因为，信用证一经开立，即成为合同之外的独立文件，银行不受合同约束。因此，本案的A公司不能以不可抗力为理由，要求银行凭单付款。

5. 答：银行的拒付是无理的。根据《UCP600》第31条b款的规定，提交的数套运输单据中表明货物系使用同一运输工具并经由同一路线运输，即使运输单据上注明的装运日期不同或装货港、接受监管地、发运地点不同，只要注明的目的地相同，将不视为分批装运。本案中，A公司在福州和厦门装运，且同为"嘉陵"号，运往同一目的港鹿特丹，不应视为分批装运，银行拒绝付款无理。

6. 答：我方的做法不合适。本案中，合同和信用证均规定不允许分批装运，而我方5 000箱货物分装于"喜庆"号轮和"飞雁"号轮，后在新加坡转船，由"顺风"号轮运往旧金山港，但向银行提交的是分别由不同名货轮、在不同时间装运的两套单据，无法掩盖分批装运这一事实。所以，银行可以拒收单据、拒付货款。

第四章
国际货物运输保险

一、练习题

（一）名词解释

1. 共同海损　　2. 推定全损　　3. 保险金额
4. “仓至仓”条款　　5. 代位权

（二）单项选择题

1. 我某公司出口稻谷一批，因保险事故被海水浸泡多时而丧失其原有用途，货到目的港后只能低价出售。这种损失属于（　　）。

A. 单独损失　　B. 共同损失
C. 实际全损　　D. 推定全损

2. 有一批出口服装，在海上运输途中，因船体触礁导致服装严重受浸。如果将这批服装漂洗后再运至原定目的港所花的费用已超过服装的保险价值。这种损失属于（　　）。

A. 共同海损　　B. 实际全损
C. 推定全损　　D. 单独海损

3. 在海洋运输货物保险业务中，按损失的程度分类，共同海损属于（　　）。

A. 部分损失　　B. 全部损失
C. 推定全损　　D. 有时为部分损失，有时为全部损失

4. 国际货物运输保险属于（　　）的范畴。

A. 财产保险　　B. 责任保险
C. 保证保险　　D. 人身保险

5. 货物发生事故后，认为实际全损已不可避免，或者为避免实际全损所支付的费用与继续将货物运抵目的港的费用之和超过保险价值。这种损失属于（　　）。

A. 实际全损　　B. 推定全损
C. 共同海损　　D. 单独海损

6. 某货轮上运载一批家禽到国外市场销售，在运输途中，部分家禽发生了瘟疫，船长为了防止瘟疫蔓延，下令将这部分有瘟疫的家禽抛弃。此损失属于（　　）。

A. 单独海损　　B. 共同海损
C. 实际全损　　D. 推定全损

7. 某货轮在运输途中，恰遇暴风雨，船长为了船和所载货物的安全，下令将部分棉花抛弃，最终船货平安渡过风险。被抛弃棉花的损失属于（　　）。

A. 单独海损　　B. 共同海损
C. 实际全损　　D. 推定全损

8. 某电子科技公司向国外某客户以 CIP 价格出售液晶显示屏一批，货物在运交承运人途中，因意外事故遭受部分损失，则该货损由（　　）承担，由（　　）向保险公司提出索赔。

A. 卖方　买方　　B. 卖方　卖方
C. 买方　卖方　　D. 买方　买方

9. 某批出口货物投保了水渍险，在运输过程中由于雨淋，货物遭受部分损失，则该部分的损失保险公司将（　　）。

A. 负责赔偿整批货物
B. 负责赔偿被雨淋湿的部分
C. 不给予赔偿
D. 负责赔偿被雨淋湿部分的货值和保险加成率的货值

10. 根据《中国保险条款》的规定，“一切险”包括（　　）。

A. 平安险加 11 种一般附加险　　B. 一切风险
C. 水渍险加 11 种一般附加险　　D. 11 种一般附加险加特殊附加险

11. 国际保险业务中惯用的“仓至仓”条款，是（　　）。

A. 承运人负责运输起讫的条款
B. 保险人负责保险责任起讫的条款
C. 出口人负责交货责任起讫的条款
D. 进口人负责付款责任起讫的条款

12. 按国际保险市场惯例，投保金额通常在 CIF 总值的基础上（　　）。

A. 加一成　　B. 加二成
C. 加三成　　D. 加四成

13. 《中国保险条款》中的“特殊附加险”是指在特殊情况下，要求保险公司承保的险别，（　　）。

A. 一般可以单独投保
B. 不能单独投保
C. 可单独投保两项以上的“特殊附加险”
D. 在被保险人同意的情况下，可以单独投保

14. 我方按 CIF 条件成交出口一批罐头食品，投保选择保险险别时，下列投保操作正确的是（　　）。

A. 平安险 + 水渍险
B. 一切险 + 偷窃提货不着险
C. 水渍险 + 偷窃提货不着险
D. 平安险 + 一切险

15. 根据《中国保险条款》的规定，投保一切险时保险公司的承保责任范围是（　　）。

A. 平安险 + 一般附加险　　B. 平安险 + 特殊附加险
C. 水渍险 + 一般附加险　　D. 水渍险 + 特殊附加险

（三）多项选择题

1. 国际货物运输中可保的风险分为海上风险与外来风险，它包括海上发生的自然灾害和意外事故。下列灾害属于自然灾害的是（　　）。

A. 恶劣气候　　B. 海啸和地震
C. 雷电和洪水　　D. 火山爆发

2. 国际货物运输中可保的风险分为海上风险与外来风险，它包括海上发生的自然灾害和意外事故。下列事故属于意外事故的是（　　）。

A. 船舶搁浅或触礁
B. 船舶沉没或失踪
C. 船舶失火或爆炸
D. 船舶互撞或与其他固体物如流冰、码头碰撞

3. 在国际货物运输中，发生以下情况的，可判定货物发生了实际全损。（　　）

A. 货物不可能归还被保险人
B. 货物发生了全部损失
C. 货物完全变质
D. 为避免实际全损所支付的费用与继续将货物运抵目的地的费用之和超过了保险价值

4. 部分损失是指被保险货物的损失没有达到全部损失的程度。部分损失分为（　　）两种。

A. 共同海损　　B. 单独海损
C. 推定海损　　D. 实际海损

5. 在国际货物运输中，共同海损的成立必须同时具备的条件是（　　）。

A. 船方采取紧急措施时，必须确有危及船、货共同安全的危险存在，不能主观臆测可能有危险发生。
B. 船方所采取的措施必须是有意的、认为的、合理的
C. 所作出的牺牲或支出的费用必须是额外的，是在非正常情形下产生的
D. 构成共同海损的牺牲和费用支出，最终必须是有效的

6. 共同海损分摊时，应该由（　　）按最后获救的价值共同按比例分摊。

A. 货方　　B. 船方
C. 运费方　　D. 救助方

7. 共同海损与单独海损的区别是（　　）。

A. 共同海损属于部分损失，单独海损属于全部损失
B. 共同海损由保险公司负责赔偿，单独海损保险公司不负责赔偿
C. 共同海损是为了解除或减轻风险而人为造成的损失，单独海损是承保范围内的风险直接导致的损失
D. 共同海损由受益各方按受益大小的比例分摊，单独海损由受损方自行承担

8. 某货轮在航行途中，由于偏离航线而触礁，导致船体破裂和部分货主的部分货物被入侵海水浸湿。为了解除危难，船长下令排水，抛弃重物并发出求救信号，最终避免了沉船的发生。抛货和呼救费属于（　　）

A. 全部损失　　B. 单独海损

C. 共同海损　　D. 部分损失

9. 根据《中国保险条款》的规定，海洋运输货物保险中的基本险可分为（　　）。

A. 平安险　　B. 水渍险

C. 一切险　　D. 附加险

10. 一般附加险的加保适用于（　　）。

A. 平安险　　B. 水渍险

C. 一切险　　D. 战争险

11. 运输工具在运输途中发生了搁浅、触礁、沉没等意外事故，不论意外发生之前或之后被保险货物在海上遭遇恶劣气候、雷电、海啸等自然灾害造成的部分损失，均属于（　　）的承保范围。

A. 平安险　　B. 水渍险

C. 一切险　　D. 附加险

12. 在我国海洋运输货物保险业务中，承保下列（　　）险别，保险公司的承保责任均适用“仓至仓”条款。

A. ALL RISKS　　B. WA or WPA

C. FPA　　D. WAR RISK

13. 某载货船只载着甲货主的3 000箱棉织品、乙货主的50公吨小麦、丙货主的200公吨大理石驶往美国纽约。货轮起航的第二天不幸遭遇触礁事故，船底出现裂缝，海水入侵严重，使甲货主的250箱棉织品和乙货主约5公吨的小麦被海水浸湿。因裂口太大，船长为解除船、货的共同危险，使船舶浮起并及时修理，下令将丙货主的50公吨大理石货物抛弃，船舶修复后继续航行。货轮继续航行的第三天又遭遇恶劣气候，使甲货主另外50箱货物被海水浸湿，此时，以下选项中（　　）是正确的。

A. 因触礁而产生的船底裂缝及甲、乙货主的货物损失属于单独海损

B. 为使船舶浮起并及时修理而抛弃的丙货主货物的损失属于共同海损

C. 恶劣气候导致的甲货主50箱货物的损失属于单独海损

D. 本案中各货主若都投保了平安险，保险公司将对以上A、B、C的损失给予赔偿

14. 《中国保险条款》规定保险公司所具有的除外责任，被保险货物在运输途中发生（　　）而造成的损失不属于保险公司承保的范围。

A. 自然耗损　　B. 市价下跌

C. 运输延迟　　D. 本质缺陷

15. 就货物保险而言，反映在运输货物上的利益，主要是货物本身的价值，也包括与此相关联的（　　）。

A. 运费　　B. 保险费

C. 关税　　D. 预期利润

16. 某被保险货物在运输途中发生了承保范围内的损失，实际损失比率为8%，免赔率为5%，下列类型的免赔率保险公司按损失比率8%赔偿的是（　　）。

A. 绝对免赔率　　B. 相对免赔率

C. 不计免赔率　　D. 特殊免赔率

17. 伦敦保险协会海运货物保险条款所规定的险别中，可单独投保的是（　　）。

A. ICC（A）、ICC（B）、ICC（C）　　B. 协会战争条款

C. 协会罢工条款　　D. 恶意损害险条款

18. 在国际贸易中，最常采用的保险单据有（　　）两种。

A. 保险单　　B. 保险凭证

C. 联合凭证　　D. 预约保单

19. 我国对外贸易货运保险可分为（　　）。

A. 海上运输保险　　B. 陆上运输保险

C. 航空运输保险　　D. 邮包运输保险

20.《中国保险条款》规定，保险公司的承保责任适用于“仓至仓”条款，但当货物到达目的（港）地全部卸离运输工具而一直没有进仓时，保险公司只承担此后60天保险责任的是（　　）。

A. 海上运输　　B. 陆上运输

C. 航空运输　　D. 邮包运输

（四）判断题

1. 按照各国海运保险业务习惯，海上损失不包括与海运连接的陆上运输和内河运输过程中所遇到的自然灾害和意外事故所致的损坏或灭失。（　　）

2. 被保险人要求保险公司按推定全损给予全部损失赔偿时，被保险人必须向保险公司办理“委付”手续。（　　）

3. 根据《中国保险条款》，平安险是指保险公司对单独海损不负赔偿责任。（　　）

4. 在国际贸易中，向保险公司投保了一切险后，货物运输途中任何外来原因造成的一切货损，均可向保险公司索赔。（　　）

5. “协会货物条款”中的A险、B险和C险，其保险公司承保的范围分别与《中国保险条款》的平安险、水渍险和一切险三种险别的承保范围大致相当。（　　）

6. 偷窃提货不着险属于特殊附加险。（　　）

7. 在海运保险业务中，基本险别的保险责任起讫适用于“仓至仓”条款，因此，被保险货物在最后到达卸载港卸离海轮后，只要没运抵买方仓库，保险责任一直存在。（　　）

8. 根据国际保险市场的一般解释，凡与海陆连接的陆运过程中所发生的损坏或灭失，也属于海损的范畴。（　　）

9. 如果被保险货物运达保险单所载明的目的地，收货人提货后即将货物转运，则保险公司的保险责任于货物转运到达新的目的地仓库时终止。（　　）

10. 按照《中国保险条款》规定，凡已投保了战争险，若再加保罢工险，保险公司不另行增收保险费。（　　）

11. 按国际保险市场惯例，大保单与小保单具有同等法律效力。（　　）

12. 在保险单出具后，如需要补充或变更保险内容，保险公司可根据投保人的请求出具修改保险内容的凭证，该项凭证称为批单。（　　）

13. 海上保险仅要求被保险人在保险标的物发生损失时必须具有保险利益。(　　)

14. 按 CFR 贸易术语进口时，我方在国内投保了一切险，我方承担的风险起讫应为“仓至仓”。(　　)

15. 根据《中国保险条款》，附加险别既可单独投保，也可在投保基本险的基础上加保。(　　)

16. 保险公司对陆运战争险的承保责任起讫与海运战争险的承保责任起讫都是“仓至仓”。(　　)

17. 海运提单的签发日期应早于保险单的签发日期。(　　)

18. 保险费即保险金额，当货物发生承保范围内的全部损失时，保险人向被保险人赔偿的最高赔偿金就是保险费。(　　)

19. 《中国保险条款》规定，罢工险适用“仓至仓”条款。(　　)

20. 根据《中国保险条款》和 ICC 的规定，战争险和罢工险不能单独投保。(　　)

（五）计算题

1. 我某外贸公司以 CIF 价格每袋 50 美元出口某商品 1 000 袋，货物出口前，由我方向中国人民保险公司投保水渍险、串味险及淡水雨淋险。已知水渍险、串味险及淡水雨淋险的保险费率分别为 0.6%、0.2% 和 0.3%，按发票金额 110% 投保。问：该批货物的保险金额和保险费各是多少？

2. 我某公司对外报价某商品 CIF 价格每公吨 10 000 美元，若该商品投保一切险，保险费率为 1%。问：我方每公吨应支付的保险费是多少？

3. 某货主在货物装船前，按发票金额的 110% 投保了一切险加保战争险。该批货物以 CIF 成交的总价值为 20.75 万美元，一切险和战争险的保险费率合计为 0.6%。问：该货主应交的保险费是多少？若发生了保险公司承保范围内的风险，导致该批货物全部灭失，保险公司的最高赔偿金额是多少？

4. 我方出口货物 3 000 件，对外报价为 2 美元/件 CFR 纽约。为避免漏保，客户来证要求我方装船前按 CIF 总值代为办理投保手续，查得该货的保险费率为 0.8%。问：该出口货物的保险金额、保险费各是多少？

5. 我方某公司对外报价某商品每公吨 10 000 美元 CIF 纽约，现外商要求将价格改报为 CFR 纽约。问：我方应从原报价格中每公吨减去的保险费是多少？（设该商品投保一切险，保险费率为 1%）

6. 我出口某商品净重 100 公吨，装 5 000 箱，每箱单价为 89 美元，加一成投保一切险。货到目的港后，买方发现除短少 5 箱外，还短量 380 千克。如果这些损失都由保险公司赔偿，问：保险公司负责赔偿的金额是多少？

（六）操作题

1. 我国广东省机械进出口公司（集团）向荷兰罗娜茵贸易公司出口不锈钢铲头 12 000 件，每件 9.60 美元 CIF 鹿特丹，纸箱包装，每箱 12 件。合同规定投保一切险和战争险，运输标志（唛头）为：

F. V.

ART NO. 29099

ROTTERDAM

NOS：1－1 000

该货物于 2020 年 3 月 20 日在广州装"东方"号轮运往鹿特丹。请根据上述条件填制一份保险单。

PICC PROPERTY

中保财产保险有限公司

The People's Insurance（Property）Company of China, Ltd.

发票号码
Invoice No. 97GD003511

保险单号次
Policy No.

海 洋 货 物 运 输 保 险 单
MARINE CARGO TRANSPORTATION INSURANCE POLICY

被保险人:
Insured: ____________________

中保财产保险有限公司（以下简称本公司）根据被保险人的要求，及其所缴付约定的保险费，按照本保险单承担险别和背面所载条款与下列特别条款承保下列货物运输保险，特签发本保险单。

This policy of Insurance witnesses that The People's Insurance（Property）Company of China, Ltd.（hereinafter called "The Company"）, at the request of the Insured and in consideration of the agreed premium paid by the Insured, undertakes to insure the under mentioned goods in transportation subject to the conditions of this Policy as per the Clauses printed overleaf and other special clauses attached hereon.

保险货物项目 Descriptions of Goods	包装 单位 数量 Packing Unit Quantity	保险金额 Amount Insured

承 保 险 别
Conditions

货 物 标 记
Marks of Goods

总保险金额:
Total Amount Insured: ____________________

保费
Premium As arranged

载运输工具
Per conveyance S. S. ____________

开航日期
Slg. on or abt. ____________

起运港
From ____________

目的港
To ____________

所保货物，如发生本保险单项下可能引起索赔的损失或损坏，应立即通知本公司下述代理人查勘。如有索赔，应向本公司提交保险单正本（本保险单共有 份正本）及有关文件。如一份正本已用于索赔，其余正本则自动失效。

In the event of loss or damage which may result in a claim under this Policy, immediate notice must be given to the Company's Agent as mentioned hereunder. Claims, if any, one of the Original Policy which has been issued in Original（s）together with the relevant documents shall be surrendered to the Company, If one of the Original Policy has been accomplished, the others to be void.

中保财产保险有限公司
THE PEOPLE'S INSURANCE（PROPERTY）COMPANY OF CHINA, LTD.

赔款偿付地点
Claim payable at ____________

日期
Date ____________

在
at ____________

地址:
Address:

2. 我国广东省五矿进出口公司向澳大利亚波尔特公司出口陶瓷餐具3 600套，每套20美元CIF悉尼，纸箱包装，每箱6套。合同规定投保平安险和淡水雨淋险，运输标志（唛头）为：

BT/NOS：1－600/SYDNEY/MADE IN CHINA

该货物于2020年5月20日在广州黄埔装“新坍”号轮运往悉尼。请根据上述条件填制一份保险单。

PICC PROPERTY

中保财产保险有限公司

The People's Insurance (Property) Company of China, Ltd.

发票号码
Invoice No.

保险单号次
Policy No.

海　洋　货　物　运　输　保　险　单
MARINE CARGO TRANSPORTATION INSURANCE POLICY

被保险人：
Insured：

中保财产保险有限公司（以下简称本公司）根据被保险人的要求，及其所缴付约定的保险费，按照本保险单承担险别和背面所载条款与下列特别条款承保下列货物运输保险，特签发本保险单。

This policy of Insurance witnesses that The People's Insurance (Property) Company of China, Ltd. (hereinafter called "The Company"), at the request of the Insured and in consideration of the agreed premium paid by the Insured, undertakes to insure the under mentioned goods in transportation subject to the conditions of this Policy as per the Clauses printed overleaf and other special clauses attached hereon.

保险货物项目 Descriptions of Goods	包装　单位　数量 Packing Unit Quantity	保险金额 Amount Insured

承保险别
Conditions

货物标记
Marks of Goods

总保险金额：
Total Amount Insured：

保费
Premium　As arranged

载运输工具
Per conveyance S. S.

开航日期
Slg. on or abt.

起运港
From

目的港
To

所保货物，如发生本保险单项下可能引起索赔的损失或损坏，应立即通知本公司下述代理人查勘。如有索赔，应向本公司提交保险单正本（本保险单共有　　份正本）及有关文件。如一份正本已用于索赔，其余正本则自动失效。

In the event of loss or damage which may result in a claim under this Policy, immediate notice must be given to the Company's Agent as mentioned hereunder. Claims, if any, one of the Original Policy which has been issued in　　Original (s) together with the relevant documents shall be surrendered to the Company, If one of the Original Policy has been accomplished, the others to be void.

中保财产保险有限公司
THE PEOPLE'S INSURANCE (PROPERTY) COMPANY OF CHINA, LTD.

赔款偿付地点
Claim payable at

日期
Date

在
at

地址：
Address：

（七）案例分析题

1. 广州某食品公司出口小麦 2 150 公吨，按 FOB 广州条件成交，卖方按合同规定装船后及时向买方发出装运通知。但船舶在航行途中，由于遭遇触礁事件，小麦被海水浸泡受损，买方因此要求卖方赔偿其受损货物的损失。问：卖方是否要承担赔偿责任？为什么？如买方已投保了平安险，是否可以向保险公司索赔？

2. 某远洋运输公司的"东风"号轮在 6 月 28 日满载货物起航，出公海后由于风浪过大偏离航线而触礁，船底被划破长 2 米的裂缝，海水不断渗入。为了船、货的共同安全，船长下令抛掉 A 舱的所有钢材并及时组织人员堵塞裂缝，但无效果。为使船舶能继续航行，船长请来拯救队施救，共支出 5 万美元施救费。船的裂缝补好后继续航行，不久，又遇恶劣气候，入侵海水使 B 舱的底层货物严重受损，放在甲板上的 2 000 箱货物因没有采用集装箱装运也被风浪卷走。问：以上损失各属于什么性质的损失？投保什么险别的情况下，保险公司给予赔偿？

3. 某货轮在某港装货后，航行途中不慎发生触礁事故，船舶搁浅，不能继续航行。事后船方反复开倒车强行浮起，但船底被划破，致使海水渗入货舱，造成船、货部分损失。为使货轮能继续航行，船长发出求救信号，船被拖至就近港口的船坞修理，暂时卸下大部分货物。前后花了 10 天，共支出修理费 5 000 美元，增加各项费用支出（包括员工工资）共 3 000 美元。船修复后继续装上原货起航，次日忽遇恶劣气候，船上装载的某货主的一部分货物被海水浸湿。问：试从货运保险义务方面分析，以上所述的各项损失各属于什么性质的损失？在投保了平安险的情况下，被保险人有权向保险公司提出哪些赔偿要求？为什么？

4. 某进出口 A 公司向 B 公司以 CFR 条件出口散装货物共 2 000 公吨，A 公司同时以相同条件向 C 公司出口同种货物 1 500 公吨。货物 3 500 公吨出运时，A 公司将 B、C 两公司的货物装运在同一艘货运船只上，并与船公司联系好，在货物运抵目的港后，由船公司负责分拨，A 公司在货物装船后及时向 B、C 两公司发出了装运通知。不巧，受载船舶在运输途中遭遇海难，该批货物当中的 1 500 公吨货物全部灭失。事件发生以后，A 公司致电 C 公司，告知其所进口的 1 500 公吨货物，已在运输途中全部灭失。问：在上述情况下，A 公司对这 1 500 公吨的货物有无补交货责任？为什么？

5. 新疆 A 公司以 CIF 伦敦出口一批番茄酱 30 公吨，A 公司在装船前投保了一切险加战争险，自新疆内陆仓库起，直至英国伦敦的买方仓库止。货物从 A 公司仓库运往码头装运途中，发生了承保范围内的货物损失。当 A 公司凭保险单向保险公司索赔时，保险公司以货物未装运，货物损失不在承保范围内为由，拒绝赔偿。问：在上述情况下，A 公司有无权利向保险公司索赔？为什么？

6. 我某进出口公司以 CIF 条件进口货物一批，合同中的保险条款规定："由卖方按发票金额的 130% 投保一切险。"卖方在货物装运完毕以后，已凭结汇单据向我方收取了货款。而货物在运输途中遭遇承保范围内的风险，导致货物全部灭失。当我方凭保险单向保险公司要求赔付时，卖方却提出，按惯例投保加成为 10%，本合同规定的投保加成为 30%，超出发票金额 20% 的赔付部分，应该是买卖双方各得一半。问：卖方的要求是否合理？为什么？

7. 我方按 CIF 巴黎出口冷冻羊肉一批，合同规定投保一切险加战争险、罢工险。货到巴黎后适逢码头工人罢工，货物因港口无法作业不能卸载。第二天货轮因无法补充燃料致冷冻设备停机。等到第五天罢工结束，该批冷冻羊肉已变质。问：进口商向保险公司索赔是否有理？

8. 我某外贸公司与意大利某商达成一笔皮手套出口交易，价格条件为 CIF 墨西拿，投保协会货物保险条款 ICC（A）险。生产厂家在最后一道生产工序将手套的湿度降低限度，然后用牛皮纸包好装入双层瓦楞纸箱，再装入集装箱。货物到达目的港后，检验结果表明，全部货物湿、霉、玷污、变色，损失价值达 8 万美元。据分析，该批货物出口地不异常热，进口地不异常冷，运输途中无异常，完全属于正常运输。问：保险公司是否可以除外责任为由免予赔偿？为什么？

二、参考答案

（一）名词解释

1. 共同海损是指载货船舶在海上运输途中遭遇灾害、事故，威胁到船、货等各方的共同安全，为了解除这种威胁，维护船、货的安全，或者使航程得以继续完成，由船方有意识地、合理地采取措施，所作出的某种牺牲或支出的某些额外费用，这些损失和费用叫共同海损。

2. 推定全损是指被保险货物的实际全损已经不可避免，或者恢复、修复受损货物以及运送货物到原定目的地的费用超过货物的保险价值。

3. 保险金额又称投保金额，它是保险公司赔偿的最高金额。按国际保险市场的习惯做法，保险金额是以 CIF 总值再加上一定的投保加成率（一般为 10%）计算的。

4. “仓至仓”条款规定，保险责任自被保险货物运离保险单所载明的起运地仓库或储存处所开始，包括正常运输中的海上、陆上、内河和驳船运输在内，直至该项货物运抵保险单所载明的目的地收货人的最后仓库或储存处所被保险人用作分配、分派或非正常运输的其他储存处所为止。

5. 代位权是指在保险业务中，为了防止被保险人双重获益，保险人在履行全损赔偿或部分损失赔偿后，在其赔付金额内，要求被保险人转让其对造成损失的第三者责任方要求全损赔偿或相应部分赔偿的权利。这种权利称为代位追偿权，或称代位权。

（二）单项选择题

1. C。理由：实际全损是就货物全部灭失，或完全变质，或不可能归还被保险人而言的。本案中，我方出口稻谷一批，稻谷因保险事故被海水浸泡多时而丧失原有用途，实际上属于货物完全变质的情形。

2. C。理由：推定全损是指货物发生事故后，认为实际全损已不可避免，或者为避免实际全损所支付的费用与继续将货物运抵目的港的费用之和超过保险价值。

3. A。理由：部分损失是指被保险货物的损失没有达到全部损失的程度，它包括共同海损和单独海损。

4. A。理由：保险是一种经济补偿制度。保险的种类很多，其中包括财产保险、责任保险、保证保险和人身保险等。国际货物运输保险属于财产保险的范畴。

5. B。理由：推定全损是指货物发生事故后，认为实际全损已不可避免，或者为避免实际全损所支付的费用与继续将货物运抵目的港的费用之和超过保险价值。

6. A。理由：单独海损是指除共同海损以外的意外损失，即由承保范围内的风险所直接导致的船舶或货物的部分损失。本案中，船长为了防止瘟疫蔓延，下令将发生瘟疫的家禽抛弃，此损失并没有威胁到船舶和其他货物的共同安全，因此不属于共同海损，而只能属于单独海损。

7. B。理由：共同海损是指载货船舶在海上运输途中遭遇灾害、事故，威胁到船、货等各方的共同安全，为了解除这种威胁，维护船、货的安全，或者使航程得以继续完成，由船方有意识地、合理地采取措施，所作出的某种牺牲或支出的某些额外费用，这些损失和费用叫共同海损。抛弃棉花的损失属于此类型。

8. B。理由：以 CIP 贸易术语成交，买卖双方风险划分以货交承运人为限。本案中，该电子科技公司出口的货物在运交承运人途中，因意外事故遭受部分损失，根据《2020年通则》的规定，货物运输的风险仍未转移给买方，因此，该货损应由卖方承担，由卖方向保险公司提出索赔。

9. C。理由：水渍险保险公司的承保责任范围不包括一般附加险，因而被雨淋湿的货物保险公司不予赔偿。

10. C。理由：根据《中国保险条款》规定，“一切险”包括水渍险加 11 种一般附加险。

11. B。理由：根据《中国保险条款》的规定，平安险、水渍险和一切险承保责任起讫均采用国际保险业中惯用的“仓至仓”条款。保险人的保险责任自被保险货物运离保险单所载明的起运地仓库或储存处所开始，直至该项货物运抵保险单所载明的目的地收货人的最后仓库。

12. A。理由：按国际保险市场惯例，投保金额通常在 CIF 总值的基础上加一成，即卖方投保时，保险金额为 CIF 发票金额的 110%。所加的保险百分率称为保险加成率，它作为买方的经营管理费用和预期利润加保。

13. B。理由：根据《中国保险条款》的规定，保险险别由基本险和附加险构成，基本险包括平安险、水渍险和一切险，附加险包括一般附加险和特殊附加险。附加险须在投保了基本险的基础上加保。

14. C。理由：A、B、D 三个选项都有重复投保的情况，只有 C 选项没有。

15. C。理由：根据《中国保险条款》的规定，投保一切险时保险公司的承保责任范围是水渍险 + 一般附加险。

（三）多项选择题

1. ABCD。理由：自然灾害是指由于自然界的变异引起的破坏力量所造成的现象，如恶劣气候、雷电、海啸、地震、洪水、火山爆发等人力不可抗拒的灾害。

2. ABCD。理由：意外事故是指船舶搁浅、触礁、沉没、失踪、互撞或与其他固体物（如流冰、码头）碰撞，以及失火、爆炸等意外原因造成的事故或其他类似事故。

3. ABC。理由：实际全损是指货物发生了全部损失、货物完全变质和货物不可能归还被保险人。为避免实际全损所支付的费用与继续将货物运抵目的港的费用之和超过保险价值属于推定全损。

4. AB。理由：部分损失是指被保险货物的损失没有达到全部损失的程度。部分损失分为共同海损和单独海损两种。

5. ABCD。理由：按规定，共同海损的成立必须同时具备 A、B、C、D 四个条件。

6. ABC。理由：共同海损的牺牲和费用都是为了使船舶、货物和运费免于遭受损失而支出的，因而应该由货方、船方和运费方按最后获救的价值共同按比例分摊。

7. CD。理由：共同海损与单独海损都属于部分损失，其主要区别是：①共同海损是为了解除或减轻风险而人为造成的损失，单独海损是承保范围内的风险直接导致的损失；②共同海损由受益各方按受益大小的比例分摊，单独海损由受损方自行承担。

8. CD。理由：部分损失按损失的性质分为共同海损和单独海损。本案中，触礁导致船体破裂且海水入侵，为了解除船货的共同危难，船长下令抛弃重物并发出求救信号的费用属于共同海损。

9. ABC。理由：根据《中国保险条款》的规定，海洋运输货物保险中的基本险可分为平安险、水渍险和一切险三种。

10. AB。理由：根据《中国保险条款》，一切险的承保责任范围包含一般附加险，不必另外加保。

11. ABC。理由：根据《中国保险条款》的规定，运输工具在运输途中发生了搁浅、触礁、沉没等意外事故，不论意外发生之前或之后被保险货物在海上遭遇恶劣气候、雷电、海啸等自然灾害造成的部分损失，均属于平安险的承保范围，而水渍险和一切险的承保范围都以平安险为基础，其承保范围比平安险大。

12. ABC。理由：在我国海洋运输货物保险业务中，ALL RISKS（一切险）、WA or WPA（水渍险）和 FPA（平安险）三种基本险别均可适用“仓至仓”条款。

13. ABCD。理由：货轮起航的第二天不幸遭遇触礁事故，船底出现裂缝，海水入侵严重，使甲货主的 250 箱棉织品和乙货主约 5 公吨的小麦被海水浸湿，是风险直接导致的损失，因而属于单独海损；因裂口太大，船长为解除船、货的共同危险，使船舶浮起并及时修理，下令将丙货主的 50 公吨大理石货物抛弃，船舶修复后继续航行，所产生的损失和费用应属于共同海损；因货轮继续航行的第三天又遭遇恶劣气候，使甲货主另外 50 箱货物被海水浸湿，应属于单独海损。而运输工具在运输途中发生了搁浅、触礁、沉没等意外事故，不论意外发生之前或之后被保险货物在海上遭遇恶劣气候、雷电、海啸等自然灾害造成的部分损失，均属于平安险的承保范围。

14. ABCD。理由：根据《中国保险条款》的规定，货物自然耗损、货物本身特点和内在缺陷所造成的货物损失、市场价格的上升/下跌和运输的延迟所造成的损失不属于保险公司承保的范围。

15. ABCD。理由：就货物保险而言，反映在运输货物上的利益，主要是货物本身的价值，也包括与此相关联的运费、保险费、关税、预期利润等。

16. BC。理由：绝对免赔率是指保险公司只赔偿超过的部分；相对免赔率是指只要损失比率超过免赔率则保险公司全赔；不计免赔率是指保险公司对货物损失多少就赔偿多少。

17. ABC。理由：在伦敦保险协会海运货物保险条款所规定的险别中，可单独投保的是 ICC（A）、ICC（B）、ICC（C）、协会战争条款和协会罢工条款。

18. AB。理由：在国际贸易中，最常采用的保险单据有保险单和保险凭证两种。保险单又称大保单，保险凭证又称小保单，两种保单具有同等的法律效力。

19. ABCD。理由：我国对外贸易货运保险根据运输方式的不同，可分为海上运输保险、陆上运输保险、航空运输保险和邮包运输保险。

20. AB。理由：对于海上运输和陆上运输，当货物到达目的（港）地全部卸离运输工具而一直没有进仓时，保险公司只承担此后 60 天的保险责任。

（四）判断题

1. 错误。理由：按照各国海运保险业务习惯，海上损失也包括与海运连接的陆上运输和内河运输过程中所遇到的自然灾害和意外事故所致的损坏或灭失。

2. 正确。理由：所谓委付就是被保险人将被保险货物的一切权利转让给保险人，并要求保险人按全损给予赔偿的行为。

3. 错误。理由：根据《中国保险条款》，在投保平安险的情况下，保险公司对自然灾害所造成的单独海损不负赔偿责任，而对于意外事故所造成的单独海损则要负赔偿责任。另外，运输工具在运输途中发生了搁浅、触礁、沉没等意外事故，不论意外发生之前或之后被保险货物在海上遭遇恶劣气候、雷电、海啸等自然灾害造成的部分损失，保险公司应给予赔偿。

4. 错误。理由：一切险的承保责任范围是除水渍险的各项责任外，还负责被保险货物在运输途中由一般外来风险所致的全部或部分损失，但不包括特殊外来风险如战争、罢工、交货不到、被拒绝进口或没收等导致的风险损失。

5. 错误。理由："协会货物条款"中的 A 险、B 险和 C 险，其保险公司承保的范围分别与《中国保险条款》的一切险、水渍险和平安险三种险别的承保范围大致相当。

6. 错误。理由：偷窃提货不着险属于一般附加险。

7. 错误。理由：根据《中国保险条款》的规定，当货物从目的港卸离海轮时起算满 60 天，不论被保险货物有没有进入收货人仓库，保险责任均告终止。

8. 正确。理由：根据国际保险市场的一般解释，保险责任起讫适用于"仓至仓"条款"。因此，凡与海陆连接的陆运过程中所发生的损坏或灭失，也属于海损的范畴。

9. 错误。理由：根据《中国保险条款》的规定，如果被保险货物运达保险单所载明的目的地，收货人提货后立即将货物转运，则保险公司的保险责任于转运时终止。

10. 正确。理由：按规定，凡已投保了战争险，若再加保罢工险，保险公司不另行增收保险费。

11. 正确。理由：保险单证主要有保险单（又称大保单）和保险凭证（又称小保单），按惯例，大保单与小保单具有同等法律效力。

12. 正确。理由：在保险单出具后，如需要补充或变更保险内容，保险公司可根据投保人的请求出具修改保险内容的凭证，该项凭证称为批单。

13. 正确。理由：海上保险仅要求被保险人在保险标的物发生损失时必须具有保险利益。

14. 错误。理由：按 CFR 贸易术语进口时，我方在国内投保了一切险，我方风险承担的范围起讫应为“船至仓”。

15. 错误。理由：根据《中国保险条款》的规定，海运附加险别不能作为一个单独项目进行投保，而只能在投保某一种基本险的基础上才可加保，但因一切险的责任范围已包括了一般附加险，故如投保人在投保时选择了一切险，无须再加保一般附加险。

16. 错误。理由：保险公司对陆运战争险的承保责任起讫以货物置于运输工具时为限，海运战争险的承保责任是从货物装上海轮开始至货物运抵目的港卸离海轮为止。

17. 错误。理由：在国际贸易中，海运提单的签发日期不能早于保险单的签发日期，否则，银行有权拒付。

18. 错误。理由：保险费是指被保险人应缴纳的费用。保险金额是指当保险标的物发生承保范围内的损失时保险人所应承担的最高赔偿金。当货物发生承保范围内的全部损失时，保险人向被保险人赔偿的最高赔偿金就是保险金额。

19. 错误。理由：《中国保险条款》规定，基本险适用“仓至仓条款”，但战争险和罢工险不适用“仓至仓”条款。

20. 错误。理由：根据《中国保险条款》的规定，战争险和罢工险不能单独投保。但根据 ICC 的规定，战争险和罢工险可以单独投保。

（五）计算题

1. 解：保险金额 = CIF 价值 × 110%
= 50 × 1 000 × 110%
= 55 000（美元）

保险费 = 保险金额 × 保险费率
= 55 000 ×（0.6% + 0.2% + 0.3%）
= 605（美元）

答：该批货物的保险金额是 55 000 美元，保险费是 605 美元。

2. 解：保险费 = CIF 价值 × 110% × 保险费率
= 10 000 × 110% × 1% = 110（美元）

答：我方每公吨应支付的保险费是 110 美元。

3. 解：保险费 = CIF 价值 × 110% × 保险费率
= 20.75 万 × 110% × 0.6% = 1 369.5（美元）

保险金额 = CIF 价值 × 110%

$=20.75$ 万 $\times 110\%$

$=22.825$ 万（美元）

答：该货主应交的保险费是 1 369.5 美元，保险公司的最高赔偿金额是 22.825 万美元。

4. 解：$CIF=\dfrac{CFR}{1-\text{投保加成}\times\text{保险费率}}=\dfrac{2}{1-110\%\times0.8\%}\approx2.02$（美元）

保险金额 = CIF 价值 × 110%

$=3\ 000\times2.02\times110\%$

$=6\ 666$（美元）

保险费 = CIF 价值 × 110% × 保险费率

$=3\ 000\times2.02\times110\%\times0.8\%$

≈53.33（美元）

答：该批商品的保险金额为 6 666 美元，保险费为 53.33 美元。

5. 解：保险费 = CIF 价值 × 110% × 保险费率

$=10\ 000\times110\%\times1\%$

$=110$（美元）

答：我方应从原报价中减去的保险费是 110 美元。

6. 解：因 100 公吨 ÷ 5 000 箱 = 20 千克/箱，故保险公司负责赔偿的金额是：

$[(89\times5)+(380/20)\times89]\times110\%=2\ 349.6$（美元）

答：保险公司负责赔偿的金额是 2 349.6 美元。

（六）操作题

1.

PICC PROPERTY

中保财产保险有限公司

The People's Insurance（Property）Company of China, Ltd.

发票号码　　保险单号次

Invoice No. 97GD003511　　Policy No.

海洋货物运输保险单

MARINE CARGO TRANSPORTATION INSURANCE POLICY

被保险人：广东省机械进出口公司（集团）

Insured:

中保财产保险有限公司（以下简称本公司）根据被保险人的要求，及其所缴付约定的保险费，按照本保险单承担险别和背面所载条款与下列特别条款承保下列货物运输保险，特签发本保险单。

This policy of Insurance witnesses that The People's Insurance（Property）Company of China, Ltd.（hereinafter called "The Company"）, at the request of the Insured and in consideration of the agreed premium paid by the Insured, undertakes to insure the under mentioned goods in transportation subject to the conditions of this Policy as per the Clauses printed overleaf and other special clauses attached hereon.

保险货物项目 Descriptions of Goods	包装　单位　数量 Packing Unit Quantity	保险金额 Amount Insured
不锈钢铲头	1 000 箱	126 720 美元

承保险别

Conditions

投保一切险和战争险

货物标记

Marks of Goods

F. V.

ART NO. 29099

ROTTERDAM

NOS: 1 - 1 000

总保险金额：壹拾贰万陆仟柒佰贰拾美元整

Total Amount Insured:

保费　　**载运输工具**　东方　**开航日期**　2020 年 3 月 20 日

Premium　As arranged　Per conveyance S. S.　Slg. on or abt.

起运港　广州　**目的港**　鹿特丹

From　To

所保货物，如发生本保险单项下可能引起索赔的损失或损坏，应立即通知本公司下述代理人查勘。如有索赔，应向本公司提交保险单正本（本保险单共有两份正本）及有关文件。如一份正本已用于索赔，其余正本则自动失效。

In the event of loss or damage which may result in a claim under this Policy, immediate notice must be given to the Company's Agent as mentioned hereunder. Claims, if any, one of the Original Policy which has been issued in 两份 Original（s）together with the relevant documents shall be surrendered to the Company, If one of the Original Policy has been accomplished, the others to be void.

中保财产保险有限公司

THE PEOPLE'S INSURANCE（PROPERTY）COMPANY OF CHINA, LTD.

赔款偿付地点　**荷兰鹿特丹**

Claim payable at

日期　2020 年 3 月 20 日　**在**　**广州**

Date　at

地址：

Address:

2.

中保财产保险有限公司

The People's Insurance (Property) Company of China, Ltd.

PICC PROPERTY

发票号码 保险单号次

Invoice No. Policy No.

海 洋 货 物 运 输 保 险 单

MARINE CARGO TRANSPORTATION INSURANCE POLICY

被保险人：广东省五矿进出口公司

Insured:

中保财产保险有限公司（以下简称本公司）根据被保险人的要求，及其所缴付约定的保险费，按照本保险单承担险别和背面所载条款与下列特别条款承保下列货物运输保险，特签发本保险单。

This policy of Insurance witnesses that The People's Insurance (Property) Company of China, Ltd. (hereinafter called "The Company"), at the request of the Insured and in consideration of the agreed premium paid by the Insured, undertakes to insure the under mentioned goods in transportation subject to the conditions of this Policy as per the Clauses printed overleaf and other special clauses attached hereon.

保险货物项目 Descriptions of Goods	包装 单位 数量 Packing Unit Quantity	保险金额 Amount Insured
陶瓷餐具	600 箱	79 200 美元

承 保 险 别

Conditions

投保平安险和淡水雨淋险

货 物 标 记

Marks of Goods

BT

NOS:1 - 600

SYDNEY

MADE IN CHINA

总保险金额：柒万玖仟贰佰美元整

Total Amount Insured:

保费 载运输工具 新坍 开航日期 2020 年 5 月 20 日

Premium As arranged Per conveyance S. S. Slg. on or abt.

起运港 广州黄埔 目的港 悉尼

From to

所保货物，如发生本保险单项下可能引起索赔的损失或损坏，应立即通知本公司下述代理人查勘。如有索赔，应向本公司提交保险单正本（本保险单共有两份正本）及有关文件。如一份正本已用于索赔，其余正本则自动失效。

In the event of loss or damage which may result in a claim under this Policy, immediate notice must be given to the Company's Agent as mentioned hereunder. Claims, if any, one of the Original Policy which has been issued in 两份 Original (s) together with the relevant documents shall be surrendered to the Company, If one of the Original Policy has been accomplished, the others to be void.

中保财产保险有限公司

THE PEOPLE'S INSURANCE (PROPERTY) COMPANY OF CHINA, LTD.

赔款偿付地点 悉尼

Claim payable at

日期 2020 年 5 月 20 日 在 广州

Date at

地址：

Address:

（七）案例分析题

1. 答：卖方无须对货物的损失承担赔偿责任。本案按 FOB 广州条件成交，根据《2020 年通则》的规定，卖方承担的风险在装运港货物装上船之后已转移，运输途中的风险由买方承担。因而，货物在航行途中的损失应由买方承担，卖方无须承担赔偿责任。如买方已投保了平安险，触礁属于意外事故，属于保险公司承保责任范围，买方可以向保险公司索赔。

2. 答：①船底被划破长 2 米的裂缝属于单独海损；②船长下令抛掉 A 舱的所有钢材不属于共同海损；③船长请来拯救队施救，支出 5 万美元属于共同海损；④海水的渗入使 B 舱的底层货物严重受损属于单独海损；⑤2 000 箱放在甲板上被风浪卷走的货物属于实际全损。本案的各货主若投保了平安险，保险公司将对以上①、③、④的损失给予赔偿。

3. 答：本案中船舶遇恶劣气候，导致装载的某货主的一部分货物被海水浸湿的损失属单独海损；船方强行开倒车造成船底被划破，致使海水渗入货舱，造成船货的部分损失以及因修理船只花费的修理费和各项费用开支共 8 000 美元属于共同海损。

在投保了平安险的情况下，被保险人有权就案中所有损失向保险公司提出赔偿的要求。因为，1981 年 1 月 1 日生效的《中国保险条款》对平安险承保范围规定："……对在运输工具已经发生了搁浅、触礁、沉没、焚毁等意外事故的情况下，货物在此前后又在海上遭受恶劣气候、雷电、海啸等自然灾害所造成的部分损失，保险公司给予赔偿。"而本案中发生的损失符合该规定，因此，被保险人有权就本案的所有损失向保险公司提出赔偿的要求。

4. 答：A 公司对 1 500 公吨货物的灭失有补交货的责任。本案中，A 公司将发运给 B、C 两公司的货物共 3 500 公吨一并装在同一艘货运船只上，并没有划分哪 2 000 公吨属于 B 公司，哪 1 500 公吨属于 C 公司。因为货物的不确定性，不能确定损失的 1 500 公吨即为 C 公司购进的货物，所以，A 公司不可免除补交货的责任。

5. 答：卖方是有权凭保险单向保险公司索赔的。本案中，保险公司在货物装船前已按"仓至仓"条款承保了买卖双方成交的货物，因此，保险公司对货物从卖方仓库运往码头装运途中发生的承保范围内的风险应给予赔偿。

6. 答：卖方的要求是不合理的。本案中，买卖双方在合同中规定"由卖方按发票金额的 130% 投保一切险"，但并没有"货物发生损失时，超出发票金额 20% 的赔付部分，双方各得一半"的规定，因而，我方可以独享保险公司赔偿的全部赔偿金额。

7. 答：进口商向保险公司索赔无理。因为投保罢工险，保险公司只对因罢工造成的直接损失负责赔偿，对于间接损失不负赔偿责任。例如，罢工引起的劳力不足致使堆放码头的货物遭到雨淋日晒而受损，冷冻机因无燃料而中断致使货物变质等均属间接损失。保险公司对于这类损失均不予赔偿。

8. 答：保险公司对该批货物不负责赔偿。根据协会货物保险条款，货物本身的内在缺陷或特性所造成的损失或费用属于保险除外责任，因此，保险公司可以除外责任为由免予赔偿。

第五章
进出口商品的价格

一、练习题

（一）名词解释

1. 出口总成本　2. 出口销售外汇净收入　3. 出口销售换汇成本
4. 佣金　5. 折扣

（二）单项选择题

1. 出口总成本是指（　　）。
A. 进货成本
B. 进货成本 + 出口前的一切费用
C. 进货成本 + 出口前的一切费用 + 出口前的一切税金
D. 对外销售价

2. 以下出口商品的单价，只有（　　）的表达是正确的。
A. 250 美元/桶 CIF　B. 250 美元/桶 CIF 伦敦
C. 250 美元/桶 CIF 广州　D. 250 元/桶 CIF 伦敦

3. 一笔业务中，若出口销售人民币净收入与出口总成本的差额为正数，说明该笔业务为（　　）。
A. 盈　B. 亏
C. 平　D. 可能盈，可能亏

4. 2020 年 5 月 21 日，我国外汇市场上美元与人民币的兑价为：100 美元 = 708.91 ~ 711.92 元人民币，则将出口销售外汇净收入换算成出口销售人民币净收入所选择的价格应是（　　）人民币元。
A. 708.91　B. 709
C. 711.92　D. 712

5. 在单价条款“每公吨 680 美元 CIF 汉堡”中的“CIF 汉堡”属于（　　）项目。
A. 计量单位　B. 单位价格金额
C. 贸易术语　D. 计价货币

6. 某公司对外出口某商品，每件 40 欧元 FCA 广州，外商要求改报 CPT 迪拜，经计算，该批商品运至迪拜的每件的运费为 6 美元，则 CPT 迪拜应报价为（　　）。
A. 46 欧元　B. 34 欧元
C. 40 欧元　D. 43 欧元

7. 某公司对外商出口报价，200 台 1 匹空调机，每台 350 美元 FOB 广州，外商要求改报 CIF 鹿特丹，经计算，该批空调机运至鹿特丹的总运费为 3 500 美元，保险费为 100 美元，则 CIF 鹿特丹应报价为（　　）。

A. 368 美元　　B. 3 950 美元
C. 385 美元　　D. 350 美元

8. 在国际贸易中，支付给中间商的酬金叫（　　）。

A. 预付款　　B. 折扣
C. 佣金　　D. 订金

9. 在国际贸易中，收取佣金的通常是（　　）。

A. 买方　　B. 保险公司
C. 船方　　D. 中间商

10. 在国际贸易中，含佣价的计算公式是（　　）。

A. 单价 × 佣金率　　B. 含佣价 × 佣金率
C. 净价 × 佣金率　　D. 净价/(1 - 佣金率)

11. 凡货价中不包含佣金和折扣的被称为（　　）。

A. 折扣价　　B. 含佣价
C. 净价　　D. 出厂价

12. 以下贸易术语表示包含 5% 佣金率的是（　　）。

A. FOBS5%　　B. FOBT5%
C. FOBC5%　　D. FOB5%

13. 某出口商品，对外报价为每公吨 1 000 美元 FOB 广州，现外商要求改报 FOBD5% 广州，我方的报价应为每公吨（　　）FOBD5% 广州。

A. 1 050 美元　　B. 1 052.63 美元
C. 950 美元　　D. 1 005 美元

14. 我某公司出口某商品，对外报价为 400 美元/台 CIF 纽约，外商要求将价格改报为 CIFC3% 纽约，我方应将价格改报为（　　）。

A. 388 美元　　B. 412.37 美元
C. 412 美元　　D. 403 美元

15. 在国际贸易中，若中间商从买卖双方都获得佣金，则被称为（　　）。

A. 暗佣　　B. 双头佣
C. 明佣　　D. 特别佣

（三）多项选择题

1. FOB、CFR、CIF 和 FCA、CPT、CIP 两组贸易术语的价格构成都包括（　　）。

A. 保险费　　B. 进货成本
C. 费用　　D. 净利润

2. 在进出口销售合同中，单价条款的内容包括（　　）。

A. 计量单位　　B. 单位价格金额
C. 计价货币　　D. 贸易术语

3. 以下对我方对外出口商品的单价表述完整、正确的是（　　）。

A. 每打 50 港元 FCA 广州黄埔

B. 每套 200 美元 CIFC3% 香港

C. 每台 5 800 日元 FOB 大连，含 2% 的折扣

D. 每桶 36 英镑 CFR 广州黄埔

4. 将 FOB 价格换算为 CIF 价格，可利用的公式是（　　）。

A. FOB 价 /(1－保险费率×投保加成)

B. FOB 价＋运费＋保险费

C. (FOB 价 ＋ 运费)/(1－保险费率×投保加成)

D. FOB＋运费

5. 在国际贸易中，常用于表示价格折扣的英语单词有（　　）。

A. Discount　　B. Rebate

C. Commission　　D. Allowance

6. 佣金的表示方法有（　　）。

A. 在价格中表明所含佣金的百分比

B. 用字母“C”来表示

C. 用字母“R”来表示

D. 用字母“D”来表示

7. 国际市场价格通常是指（　　）。

A. 集散地市场的商品价格

B. 主要出口国家（地区）的出口价格

C. 主要进口国家（地区）的进口价格

D. 国际上具有代表性的成交价格

8. 在价格条款中，折扣的表示方法主要有（　　）。

A. 用文字明确表示给予折扣的比例

B. 用绝对数表示

C. 直接在术语后加“D”或“R”来表示折扣

D. 只有选项 A、B 两种

9. 进出口销售合同中的价格条款一般由两个部分组成，即（　　）。

A. 商品的佣金　　B. 商品的折扣

C. 商品的单价　　D. 商品的总值

10. 在进出口贸易中，应争取选择有利的计价货币，以免遭受币值变动带来的风险，如采用不利的计价货币时，可加订的保值条款有（　　）。

A. 外汇保值法　　B. 综合货币单位保值法

C. 物价指数保值法　　D. 滑动价格保值法

（四）判断题

1. 正常情况下，我出口销售合同中规定的商品价格总值应与出口总成本相一致。（　　）

2. 出口销售外汇净收入是指出口商品的 FOB 价按当时外汇牌价折成人民币的数额。(　　)

3. 从一笔交易的出口销售换汇成本中可以看出，在这笔出口交易中用多少人民币换回 1 美元，通过与当天外汇牌价的比较即可得出这笔交易为盈利还是亏损。(　　)

4. 在实际业务中，较常采用的作价办法是固定作价。(　　)

5. 不论在何种情况下，固定作价都比非固定作价有利。(　　)

6. 买卖双方在合同中规定："按提单日期的国际市场价格计算。"这是固定作价的一种规定方法。(　　)

7. 硬货币是指在国际金融市场上汇价坚挺并能自由兑换、币值稳定、可以作为国际支付手段或流通手段的货币。(　　)

8. 在规定单价时，若明确规定佣金的百分比，则对总值也应作出相应的规定。(　　)

9. 含佣价 = 净价/(1 - 佣金率)，其中的净价一定是 FOB 价。(　　)

10. 折扣直接影响到商品的价格，对于卖方而言，同一商品的销售价格，给予买方 5% 的折扣率比给予买方 3% 的折扣率净价高。(　　)

(五) 计算题

(以下各题均按 100 美元 = 708.91 ~ 711.92 元人民币，100 英镑 = 874.35 ~ 875.84 元人民币的汇率计算)

1. 某外贸公司出口一批商品，国内进货价共 10 000 元人民币，加工费支出 1 500 元人民币，商品流通费是 1 000 元人民币，税金支出为 100 元人民币，该批商品出口销售外汇净收入为 2 000 美元。问：(1) 该批商品的出口总成本是多少？(2) 该批商品的出口销售换汇成本是多少？(3) 该批商品的出口销售盈亏率是多少？

2. 我某外贸公司出口商品货号 H208 共 5 000 箱，该货每箱净重 20 千克，毛重 22 千克，体积 0.03 立方米，每箱出口总成本 800 元人民币，外销价每箱 120 美元 CFR 卡拉奇。已知该出口商品海运计费标准为"W/M"，每运费吨 52 美元。问：(1) 该商品的出口销售换汇成本是多少？(2) 该商品的出口销售盈亏率是多少？

3. 我出口某商品对外报价为 480 欧元/公吨 FOB 湛江，现外商要求将价格改报 CIF 旧金山。问：我方的报价应为多少才能使 FOB 净值不变？(设运费是 FOB 价的 3%，保险费为 FOB 价的 0.8%)

4. 某公司出口单晶糖 200 公吨，每公吨 USD450CIFC2% 利物浦，货物装船后，公司财会部门根据合同规定将 2% 的佣金汇款给中间商。问：应付的佣金为多少？

5. 某笔交易中，我方向外商的报价为每公吨 780 英镑 CFR 香港，含 2% 的折扣，该笔交易的数量为 200 公吨。问：我方扣除折扣后的外汇总收入和人民币总收入是多少？

6. 我出口某商品，原报价为 350 美元/桶 CIF 纽约，现外商要求将价格改报为 CFRC5%。已知保险费率为 0.6%。问：我方应将价格改报为多少？

7. 我某出口商品对外报价为每公吨 1 200 英镑 FOB 黄埔，对方来电要求改报 CIFC5% 伦敦。问：CIFC5% 伦敦价为多少？（已知保险费率为 1.68%，每公吨运费为 9.68 英镑）

8. 某批商品的卖方报价为每打 60 美元 CIF 香港，若该批商品的运费是 CIF 价的 2%，保险费是 CIF 价的 1%，现外商要求将价格改报为 FOBC3%。问：（1）FOBC3% 应报多少？（2）若卖方国内进货价为每打 380 元人民币，出口前的费用和税金合计为每打 15 元人民币，该批商品的出口销售换汇成本和出口销售盈亏率各是多少？

9. 我某公司出口某商品 1 000 箱，对外报价为每箱 22 美元 FOBC3% 广州，外商要求将价格改报为每箱 CIFC5% 汉堡。已知运费为每箱 1 美元，保险费为 FOB 价的 0.8%。问：（1）要维持出口销售外汇净收入不变，CIFC5% 应改报为多少？（2）已知进货成本为 160 元人民币/箱，每箱的商品流通费为进货成本的 3%，出口退税为 30 元人民币/箱，该商品的出口销售盈亏率及出口销售换汇成本是多少？

10. 某公司向香港客户报价，水果罐头 200 箱，每箱 132.6 港元 CIF 香港，客户要求改报 CFR 香港含 5% 佣金价。假定保险费相当于 CIF 价的 2%，在保持原报价不变的情况下，问：（1）CFRC5% 香港价应报多少？（2）出口 200 箱商品应付给客户多少佣金？（3）某公司出口 200 箱商品可收回多少外汇？

二、参考答案

（一）名词解释

1. 出口总成本是指外贸企业为出口商品而支付的国内总成本，它包括进货成本及出口前的一切费用和税金。

2. 出口销售外汇净收入是指出口商品按 FOB 价所获得的外汇收入。

3. 出口销售换汇成本又称换汇率，是指商品出口后净收入每 1 美元所耗费的人民币成本，它是反映出口盈亏的一种形式。

4. 佣金（Commission）是代理人或经纪人为委托人介绍生意而收取的报酬。

5. 折扣是卖方给予买方的价格减让。

（二）单项选择题

1. C。理由：出口总成本是指外贸企业为出口商品而支付的国内总成本，它包括进货成本及出口前的一切费用和税金。

2. B。理由：商品的单价由计算数量的单位、单位价格金额、计价货币和贸易术语四个部分组成。以 CIF 贸易术语成交，在规定出口商品单价时，要在贸易术语后加注目的港的名称。

3. A。理由：当出口销售人民币净收入大于出口总成本时，出口销售人民币净收入与出口总成本的差额为正数，说明此笔出口交易为盈利，反之为亏损。

4. A。理由：我国汇率采用直接标价法表示。如：100 美元 = 708.91 ~ 711.92 元人民币，其中 708.91 元为买入价、711.92 元为卖出价。买入价即银行买入外汇时所支付的本国货币的数额。

5. C。理由：合同中的单价条款由计量单位、单位价格金额、计价货币和贸易术语四个部分组成。本例"CIF 汉堡"属于单价条款中的贸易术语部分。

6. A。理由：CPT = FCA + F = 40 + 6 = 46（欧元）

7. A。理由：CIF = FOB + F + I = 350 + 3 500/200 + 100/200 = 368（美元）

8. C。理由：佣金是中间商（代理人或经济人）为委托人介绍生意而收取的报酬。

9. D。理由：佣金是中间商（代理人或经济人）为委托人介绍生意而收取的报酬。

10. D。理由：含佣价 = 净价/（1 - 佣金率）

11. C。理由：佣金是卖方或买方付给中间商，使其为货物的销售或购买提供中介服务的酬金。一般来说，不包含佣金和折扣的价格被称为"净价"。

12. C。理由：佣金的表示方法主要有两种，一种是用文字"含佣"表示，另外一种是在贸易术语后加注"佣金"的英文字母"C"并注明佣金的百分比来表示。

13. B。理由：含折扣价 = 净价/(1 - 折扣率) = 1 000/(1 - 5%) ≈ 1 052.63（美元）。

14. B。理由：含佣价 = 净价/(1 - 佣金率) = 400/(1 - 3%) ≈ 412.37(美元)。

15. B。理由：若中间商从买卖双方都获得佣金，则被称为"双头佣"。

（三）多项选择题

1. BCD。理由：FOB、CFR、CIF 和 FCA、CPT、CIP 两组贸易术语的价格构成都包括进货成本、费用和净利润。

2. ABCD。理由：商品的单价由计算数量的单位、单位价格金额、计价货币和贸易术语四个部分组成。

3. ABC。理由：商品的单价由计算数量的单位、单位价格金额、计价货币和贸易术语四个部分组成；佣金的表示方法主要有两种，一种是用文字"含佣"表示，另外一种是在贸易术语后加注"佣金"的英文字母"C"并注明佣金的百分比来表示。我方出口商品，装运港是我国港口，目的港是国外港口，CFR 广州黄埔只能用于进口商品的单价表述。

4. BC。理由：FOB 价为成本价，CIF 价为成本价 + 运费 + 保险费，故 FOB 价换算 CIF 价为：CIF = FOB + 运费 + 保险费，另外还可利用公式：CIF = (FOB + 运费）/(1 - 保险费率 × 投保加成)。

5. ABD。理由：在国际贸易中，常用于表示折扣的英语单词有 Discount、Rebate 和Allowance。

6. AB。理由：佣金的表示方法主要有两种，一种是用文字"含佣"表示，另外一种是在贸易术语后加注"佣金"的英文字母"C"并注明佣金的百分比来表示。

7. ABCD。理由：国际市场价格通常包括集散地市场的商品价格、主要出口国家（地区）的出口价格、主要进口国家（地区）的进口价格和国际上具有代表性的成交价格。

8. ABC。理由：在价格条款中，折扣的表示方法主要有：①用文字明确表示给予折扣的比例；②用绝对数表示；③直接在术语后加“D”或“R”来表示折扣。

9. CD。理由：合同中的价格条款一般包括商品的单价和总值两个部分。

10. ABCD。理由：在进出口贸易中，为避免因采用不利的计价货币计价，可能遭遇的币值变动带来的风险，出口商可加订的保值条款有外汇保值法、综合货币单位保值法、物价指数保值法和滑动价格保值法。

（四）判断题

1. 错误。理由：我国进出口商品的作价原则是根据国际市场价格水平作价、结合国别地区政策作价和结合购销意图作价。一般情况下，出口合同中规定的商品价格总值应高于出口总成本。

2. 错误。理由：出口销售外汇净收入是指出口商品的 FOB 价。

3. 正确。理由：出口商品换汇成本 = 出口总成本（元）/出口销售外汇净收入（美元）。从一笔交易的出口销售换汇成本中可以看出，在这笔出口交易中用多少人民币换回 1 美元，通过与当天外汇牌价的比较即可得出这笔交易为盈利还是亏损。

4. 正确。理由：由于固定价格的办法具有明确、具体、肯定和便于核算的特点，在我国的进出口合同中，绝大多数都是在双方协商一致的基础上，明确地规定具体价格，这也是国际上常见的作价办法。

5. 错误。理由：国际市场行情瞬息万变，价格涨落不定，因此，在国际货物买卖合同中规定固定价格，就意味着买卖双方要承担从订约到交货付款以至转售时价格变动的风险。况且，如果市场行情变动过于剧烈，这种做法还可能影响合同的顺利履行。一些不守信用的商人很可能为逃避亏损，而寻找各种借口撕毁合同。

6. 错误。理由：当买卖双方在合同中规定确定合同价格的办法是“按提单日期的国际市场价格计算”时，提单日期是指货物装船完毕的日期，是非固定的，因而这种确定价格的方法是一种非固定作价的方法。

7. 正确。理由：国际结算通常采用的货币有硬货币和软货币之分。硬货币指在国际金融市场上汇价坚挺并能自由兑换、币值稳定、可以作为国际支付手段或流通手段的货币；软货币是硬货币的对称，是指在国际金融市场上币值相对不够稳定的货币。

8. 正确。理由：在规定单价时，若明确规定佣金的百分比，而对总值不作出相应的规定，则会使卖方所收的款项中不含佣金，以致卖方的实际收入下降。

9. 错误。理由：不包含佣金和折扣的价格被称为“净价”，因而净价不一定是 FOB 价。

10. 错误。理由：折扣直接影响到商品的价格，对于卖方而言，商品的销售价格相同，但折扣不同，根据公式“净价 = 含折扣价 − 含折扣价 × 折扣率”，折扣率越高，净价越低。

（五）计算题

1. 解：（1）出口总成本 = 进货成本 + 出口前的一切费用 + 出口前的一切税金

$$= 10\,000 + 1\,500 + 1\,000 + 100$$

$$= 12\,600 \text{（元人民币）}$$

（2）$\text{出口销售换汇成本} = \dfrac{\text{出口总成本}}{\text{出口销售外汇净收入}}$

$$=\frac{12\ 600}{2\ 000}$$

$=6.3$（元人民币/美元）

（3）出口销售盈亏率 $=\frac{\text{出口销售人民币净收入}-\text{出口总成本}}{\text{出口总成本}}\times 100\%$

$$=\frac{2\ 000\times 7.0891-12\ 600}{12\ 600}\times 100\%$$

$\approx 12.53\%$

答：该批商品的出口总成本为 12 600 元人民币，出口销售换汇成本为 6.3 元人民币/美元，出口销售盈亏率为 12.53%。

2. 解：因为运费的计收标准为 W/M，根据题意，22 千克 = 0.022 公吨，0.03 > 0.022，故该批商品的运费应按体积计收

每单位运费 = 计收标准 × 基本运费 ×（1 + 各种附加费）= 0.03 × 52 = 1.56（美元）

（1）单位出口销售外汇净收入 = FOB 价 = CFR 价 − 运费 = 120 − 1.56 = 118.44（美元）

出口销售换汇成本 $=\frac{\text{单位出口总成本}}{\text{单位出口销售外汇净收入}}$

$$=\frac{800}{118.44}$$

$\approx 6.754\ 5$（元人民币/美元）

（2）单位出口销售人民币净收入 = 单位出口销售外汇净收入 × 外汇买入价

$= 118.44\times 7.089\ 1$

≈ 839.63（元人民币）

出口销售盈亏率 $=\frac{\text{出口销售人民币净收入}-\text{出口总成本}}{\text{出口总成本}}\times 100\%$

$$=\frac{118.44\times 7.0891-800}{800}\times 100\%$$

$\approx 4.95\%$

答：该商品的出口销售换汇成本为 6.754 5 元人民币/美元，出口销售盈亏率为 4.95%。

3. 解：CIF = FOB + 运费 + 保险费 = 480 + 480 × 3% + 480 × 0.8% = 498.24（欧元）

答：我方的报价应为 498.24 欧元才能使 FOB 净值不变。

4. 解：应付的总佣金额 = 含佣价 × 佣金率 × 数量 = 450 × 2% × 200 = 1 800（美元）

答：卖方应付的佣金为 1 800 美元。

5. 解：扣除折扣后的外汇总收入 =（含折扣价 − 单位货物折扣额）× 总数量

$= (780-780\times 2\%)\times 200$

$= 152\ 880$（英镑）

扣除折扣后的人民币总收入 = 扣除折扣后的外汇总收入 × 外汇买入价

$$=152\ 880\times 8.743\ 5$$
$$=1\ 336\ 706.28\text{（元人民币）}$$

答：卖方扣除折扣后的外汇总收入是 152 880 英镑，扣除折扣后的人民币总收入是 1 336 706.28元人民币。

6. 解：先将 CIF 价换算为 CFR 净价，再将 CFR 净价换算为 CFRC5% 含佣金价

$$\text{CFR 净价}=\text{CIF}\times(1-\text{投保加成}\times\text{保险费率})$$
$$=350\times(1-110\%\times 0.6\%)$$
$$=347.69\text{（美元）}$$

$$\text{CFRC5\%}=\frac{\text{CFR 净价}}{1-\text{佣金率}}$$
$$=\frac{347.69}{1-5\%}$$
$$\approx 365.99\text{（美元）}$$

答：我方应将价格改报为 365.99 美元。

7. 解：先将 FOB 价换算为 CIF 净价，再将 CIF 净价换算为 CIFC5% 含佣金价

$$\text{CIF 净价}=\frac{\text{FOB}+\text{运费}}{1-\text{投保加成}\times\text{保险费率}}$$
$$=\frac{1\ 200+9.68}{1-110\%\times 1.68\%}$$
$$\approx 1\ 232.46\text{（英镑）}$$

$$\text{CIFC5\%}=\frac{\text{CIF 净价}}{1-\text{佣金率}}$$
$$=\frac{1\ 232.46}{1-5\%}$$
$$\approx 1\ 297.33\text{（英镑）}$$

答：CIFC5% 伦敦价为每公吨 1 297.33 英镑。

8. 解：(1) 先将 CIF 价换算为 FOB 净价，再将 FOB 净价换算为 FOBC3% 含佣金价

$$\text{FOB 净价}=\text{CIF}-\text{运费}-\text{保险费}$$
$$=60-60\times 2\%-60\times 1\%$$
$$=58.2\text{（美元）}$$

$$\text{FOBC3\%}=\frac{\text{FOB 净价}}{1-3\%}$$
$$=\frac{58.2}{1-3\%}$$
$$=60\text{（美元）}$$

(2) 单位出口总成本 $=380+15=395$（美元）

$$\text{出口销售换汇成本}=\frac{\text{单位出口总成本}}{\text{单位出口销售外汇净收入}}$$

$$=\frac{395}{58.2}$$

≈ 6.7869（元人民币/美元）

$$出口销售盈亏率=\frac{单位出口销售人民币净收入-单位出口总成本}{单位出口总成本}\times 100\%$$

$$=\frac{58.2\times 7.0891-395}{395}\times 100\%$$

$\approx 4.45\%$

答：该笔业务中，FOBC3%应报每打60美元；该批商品的出口销售换汇成本为6.786 9元人民币/美元，出口销售盈亏率为4.45%。

9. 解：（1）先将FOBC3%价换算为FOB净价，再将FOB净价换算为CIF净价，最后将CIF净价换算为CIFC5%含佣金价

FOB净价 = FOB含佣价 ×（1 - 佣金率）

$=22\times(1-3\%)$

$=21.34$（美元）

CIF净价 = FOB净价 + 运费 + 保险费

$=21.34+1+21.34\times 0.8\%$

≈ 22.51（美元）

$$CIFC5\%含佣价=\frac{CIF净价}{1-佣金率}$$

$$=\frac{22.51}{1-5\%}$$

≈ 23.69（美元）

（2）单位出口销售人民币净收入 = 单位出口销售外汇净收入 × 外汇买入价

$=21.34\times 7.0891$

≈ 151.28（元人民币）

单位出口总成本 = 单位进货成本 + 单位流通费 - 出口退税

$=160+160\times 3\%-30$

$=134.8$（元人民币）

$$出口销售盈亏率=\frac{单位出口销售人民币净收入-单位出口总成本}{单位出口总成本}\times 100\%$$

$$=\frac{151.28-134.8}{134.8}\times 100\%$$

$\approx 12.23\%$

$$出口销售换汇成本=\frac{单位出口总成本}{单位出口销售外汇净收入}$$

$$=\frac{134.8}{21.34}$$

≈ 6.3168（元人民币/美元）

答：该笔业务中，CIFC5%价应改报每箱23.69美元；该商品的出口销售盈亏率为

12.23%，出口销售换汇成本为6.316 8元人民币/美元。

10. 解：（1）CFR净价 = CIF − 保险费 = 132.6 − 132.6 × 2% ≈ 129.95（港元）

$$CFRC5\% = \frac{\text{CFR净价}}{1-\text{佣金率}} = \frac{129.95}{1-5\%} \approx 136.79\text{（港元）}$$

（2）总佣金额 = 含佣价 × 佣金率 × 数量

$$= 136.79 \times 5\% \times 200 = 1\ 367.9\text{（港元）}$$

（3）可收回的外汇 = CFR净价 × 数量 = 129.95 × 200 = 25 990（港元）

答：CFRC5%香港价应报136.79港元；出口200箱商品应付给客户的总佣金额为1 367.9港元；出口200箱商品可收回的外汇为25 990港元。

第六章
国际货款的收付

一、练习题

（一）名词解释

1. 汇票　　2. 顺汇法　　3. 托收
4. 不可撤销跟单信用证　　5. 议付信用证

（二）单项选择题

1. 根据我国《票据法》的规定，一张票据，如果由出票人签发，然后委托付款人在见票时或者在指定日期无条件支付确定的金额给付款人或者持票人，则该票据为（　　）。

A. 汇票　　B. 本票
C. 支票　　D. 发票

2. 在国际贸易中，一般采用金融票据结算来结清交易双方之间的债权和债务，在金融票据中，（　　）的使用居多。

A. 汇票　　B. 本票
C. 支票　　D. 发票

3. 在国际贸易结算中，如果其他付款条件相同，（　　）的远期汇票对受款人最为有利。

A. 出票后 30 天付款　　B. 提单签发日后 30 天付款
C. 见票后 30 天付款　　D. 货到目的港后 30 天付款

4. 凡是要求开立汇票的信用证，一般信用证内都指定付款人，若未指定付款人，根据《UCP600》的规定，汇票的付款人应是（　　）。

A. 开证人　　B. 开证行
C. 议付行　　D. 出口人

5. 汇票使用中，表示承兑的是（　　）。

A. Acceptance　　B. Presentation
C. Payment　　D. Endorsement

6. 汇付是指汇款人通过汇出行将一定金额的款项汇交收款人的结算方式。在实务中，使用最多的汇付方式是（　　）。

A. 电汇　　B. 信汇
C. 票汇　　D. 期汇

7. 在国际贸易中采用汇付的支付方式，如果付款行不必通知收款人取款，收款人应在收到汇票后自己上门取款，该汇付方式属于（　　）。

A. 电汇　　B. 信汇
C. 票汇　　D. 期汇

8. 下列简称中，表示信汇的是（　　）。
A. T/T　　B. D/D
C. M/T　　D. D/P

9. 债权人（出口商）出具汇票委托银行向债务人（进口商）收取货款的支付方式称为（　　）。
A. 汇付　　B. 银行保函
C. 托收　　D. 信用证

10. 下列托收方式中，对出口商收取货款最有利的是（　　）。
A. D/P at Sight　　B. D/P at 90 days after sight
C. D/P at 30 days after sight　　D. D/A at 30 days after sight

11. 在信用证支付方式下，根据《UCP600》的规定，承担第一性付款责任的是（　　）。
A. 进口人　　B. 开证行
C. 议付行　　D. 通知行

12. 就卖方的收汇风险而言，从大到小的顺序应该是（　　）。
A. L/C、D/P、D/A 和 O/A
B. O/A、D/A、D/P 和 L/C
C. L/C、D/A、D/P 和 O/A
D. L/C、O/A、D/A 和 D/P

13. 国外开来的可撤销信用证规定，汇票的付款人为开证行，货物装船完毕，开证行没有撤销信用证，但出口人闻悉申请人已破产倒闭，则（　　）。
A. 由于付款人破产，货款将落空
B. 开证行得悉申请人破产后，即使货已装船，仍可撤回信用证，受益人未能取得货款
C. 只要单证相符，受益人仍可从开证行取得货款
D. 待付款人财产清算后方可收回货款

14. 在信用证支付方式下，信用证经保兑后，保兑行（　　）。
A. 只有在开证行没有能力付款时，才承担保证付款的责任
B. 和开证行一样，承担第一性付款责任
C. 需和开证行商议决定双方各自的责任
D. 只有在买方没有能力付款时，才承担保证付款的责任

15. 若可转让信用证中的第二受益人不能按时交货或单据有问题，责任由（　　）承担。
A. 第一受益人　　B. 第二受益人
C. 供货厂商　　D. 中间商

16. 在国际贸易中，对于常年定期、定量供货的交易，一般多采用（　　），以减少多次开证带来的不便。
A. 备用信用证　　B. 背对背信用证
C. 对开信用证　　D. 循环信用证

17. 一张每期用完一定金额后，需等开证行通知到达，才能恢复到原金额继续使用的信用证是（　　）。

A. 非自动循环信用证　　B. 半自动循环信用证

C. 自动循环信用证　　D. 非循环信用证

18. 香港 A 公司出售一批商品给美国 B 公司，美国银行开来一份以香港 A 公司为受益人的不可撤销可转让信用证，香港 D 银行按 A 公司委托，将信用证转让给内地 C 公司，如信用证内未对转让费用作明确规定，按惯例应由（　　）负担。

A. 内地 C 公司　　B. 香港 A 公司

C. 美国 B 公司　　D. 香港 D 银行

19. 在对外出口贸易中，如果采用信用证与托收相结合的支付方式，其全套货运单据应（　　）。

A. 随信用证项下的汇票

B. 随托收项下的汇票

C. 50% 随信用证项下的汇票，50% 随托收项下的汇票

D. 单据与票据分列在信用证和托收汇票项下

20. 在信用证支付方式下，出口商开具的汇票，遭付款人拒绝付款或拒绝承兑时（　　）。

A. 开证行有权行使追索权　　B. 保兑行有权行使追索权

C. 议付行有权行使追索权　　D. 付款行有权行使追索权

（三）多项选择题

1. 国际贸易货款的结算工具主要分为（　　）。

A. 托收　　B. 汇付

C. 外币现钞　　D. 票据

2. 按出票人的不同，汇票可分为（　　）。

A. 商业汇票　　B. 银行汇票

C. 跟单汇票　　D. 光票

3. 在国际贸易结算的支付工具中，汇票的用途通常包括（　　）等。

A. 出票　　B. 提示

C. 承兑（即期汇票无须承兑）　　D. 付款

4. 在国际货款的收付中，拒付包括付款人（　　）等情形。

A. 拒绝承兑　　B. 拒绝付款

C. 拒而不见　　D. 宣告破产

5. 按我国《票据法》的规定，支票可以分为（　　）。

A. 普通支票　　B. 现金支票

C. 转账支票　　D. 空头支票

6. 下列有关本票的表述中，正确的是（　　）。

A. 远期本票的当事人有出票人、收款人、付款人

B. 商业本票有即期和远期之分

C. 远期本票无须承兑

D. 本票的付款人是出票人

7. 在国际货款的结算中，常用的结算方式有（　　）。

A. 预付　　B. 汇付

C. 托收　　D. 信用证

8. 汇付是指汇款人通过汇出行将一定金额的款项汇交收款人的结算方式，它通常可分为（　　）。

A. 电汇　　B. 信汇

C. 票汇　　D. 汇票

9. 托收方式的当事人主要有（　　）。

A. Principal　　B. Remitting Bank

C. Collecting Bank　　D. Presenting Bank

E. Payer

10. 信用证与合同的关系，下列表述正确的是（　　）。

A. 信用证的开立以买卖合同为依据

B. 信用证的履行不受买卖合同的约束

C. 有关银行只根据信用证的规定办理信用证业务

D. 合同是审核信用证的依据

11. 信用证是一种（　　）。

A. 银行信用　　B. 自足文件

C. 单据买卖　　D. 商业信用

12. 根据《UCP600》的规定，下列对可转让信用证的表述正确的是（　　）。

A. 可转让信用证只能转让一次

B. 信用证没有明示“不可转让”即为可转让信用证

C. 第二受益人可将信用证转回给第一受益人

D. 信用证经转让后，买卖合同中卖方仍应履行其应履行的义务

13. 备用信用证与一般跟单信用证的主要区别是（　　）。

A. 备用信用证属于商业信用，而跟单信用证属于银行信用

B. 银行付款的条件不同

C. 适用的范围不同

D. 受款人要求银行付款时所需提供的单据不同

14. 假远期信用证与远期信用证的区别是（　　）。

A. 开证基础不同　　B. 信用证条款不同

C. 利息的负担者不同　　D. 收汇的时间不同

15. 根据《UCP600》的规定，信用证（　　）。

A. 未规定是否保兑，即为保兑信用证

B. 未明示可否转让，即为可转让信用证

C. 未规定是否保兑，即为不保兑信用证

D. 未规定可否撤销，即为不可撤销信用证

16. 以下的国际结算方式中，属于商业信用的有（　　）。

A. L/C　　B. D/P

C. T/T　　D. D/A

17. A 公司分别以 D/P at 30 days after sight 和 D/A at 30 days after sight 两种支付方式对外出口货物，从 A 公司的角度考虑，下列表述正确的是（　　）。

A. 前者的风险比后者大

B. 前者是付款交单；后者是承兑交单

C. 后者的风险比前者大

D. 两者都存在被进口商拒付的风险

18. 对开信用证是指两张信用证的开证申请人互以对方为受益人而开立的信用证，对开信用证一般用于（　　）。

A. 来料加工　　B. 补偿贸易

C. 易货贸易　　D. 一般贸易

19. 对背信用证是指受益人要求原证的通知行或其他银行以原证为基础，另开一张内容相似的新信用证，下列表述正确的是（　　）。

A. 对背信用证的新证开立后，原证仍然有效

B. 原开证行、原开证申请人与新证毫无关联

C. 对背信用证允许商业发票和汇票与原证不符

D. 对背信用证的所有货运单据都应与原证中的要求完全相符

20. 信用证处理一般遵循《跟单信用证统一惯例》执行，下列表述正确的是（　　）。

A.《跟单信用证统一惯例》由国际商会制定

B. 最新的《跟单信用证统一惯例》简称《UCP600》

C. 最新的《跟单信用证统一惯例》于 2007 年 7 月 1 日实行

D. 国际商会制定的《跟单信用证统一惯例》具有强制性

（四）判断题

1. 在我国，汇票上未记载付款日期的，为见票即付。汇票上未记载付款地的，付款人的营业场所、住所或经常居住地为付款地。（　　）

2. 在国际贸易结算票据中，使用跟单汇票进行结算的比例较大。（　　）

3. 对于银行汇票，其汇票的承兑人是银行。（　　）

4. 汇票虽然属于资金单据，但不可以代替货币进行转让或流通。（　　）

5. 汇票经背书后，收款权利转让给被背书人，被背书人若日后遭到拒付可向前手行使追索权。（　　）

6. 依据《中华人民共和国票据法》的规定，贴现是转让汇票权利的法定手续。（　　）

7. 依据《中华人民共和国票据法》的规定，商业承兑汇票不可以在贴现市场上贴现，只有银行承兑汇票才可以在贴现市场上贴现。（　　）

8. 汇付结算方式属于顺汇法，托收和信用证结算方式属于逆汇法。（　　）

9. 关于国际贸易货款的支付方式，汇付属于商业信用，托收和信用证属于银行信用。（　　）

10. 出口商采用托收支付方式收取货款，D/A30 天比 D/P30 天承担的风险要大。(　　)

11. 买卖合同规定支付条款为 D/P 见票后 15 天付款，代收行于 2020 年 4 月 28 日向进口商作汇票提示，进口商于同日见票并承兑，按惯例，进口商应于 2020 年 5 月 12 日付款。(　　)

12. 信用证是一种银行开立的无条件承诺付款的书面文件。(　　)

13. 对于可转让信用证，转让时，只能按原证规定的条款转让，任何条款都不能变更。(　　)

14. 对于已转让的信用证，如第二受益人不能按时交货或单据有问题，第二受益人承担全部责任，与第一受益人无关。(　　)

15. 光票信用证是指开证行无须凭任何单据就履行付款责任的信用证。(　　)

16. 跟单信用证没有明示是否为不可撤销，只要开出的信用证明示依照《UCP600》解释，该跟单信用证就必须是不可撤销信用证。(　　)

17. 保兑信用证中的保兑行对保兑信用证负第一性的付款责任。(　　)

18. 承兑信用证的汇票承兑人既可以是开证行，也可以是货物的进口商，如果是进口商承兑汇票，则由进口商负责到期付款。(　　)

19. 若错过了信用证有效期到银行议付，受益人只要征得开证人的同意，即可要求银行付款。(　　)

20. 一笔出口交易使用信用证和托收付款时，全套单据必须随附托收项下的汇票，信用证项下的汇票采用光票收款。(　　)

（五）计算题

1. 某公司持有一张经银行承兑的期限为 90 天的银行承兑汇票，票面金额为 500 万美元，为提前取得现金，该公司欲将汇票拿到市场上去贴现，当时市场上的贴现率为 10%，在贴现时须缴纳的手续费为 150 美元。问：该公司贴现后可取得多少现金？

2. 广州东华进出口公司从美国进口货物一批，即期信用证付款。美商按期装运，并开出金额为 30 万美元的汇票，银行垫付货款时间为 10 天。若银行放款利息的年利率为 8%，问：银行要向广州东华进出口公司收取多少开证利息？

3. 大华进出口公司出口货物一批，远期信用证付款，若远期汇票的金额为 20 万美元，大华进出口公司提前 30 天到银行兑现，银行按年利率 8% 的贴现率扣除贴现利息。问：银行实付金额为多少？

（六）操作题

阅读下面的汇票，并根据提出的问题填空：

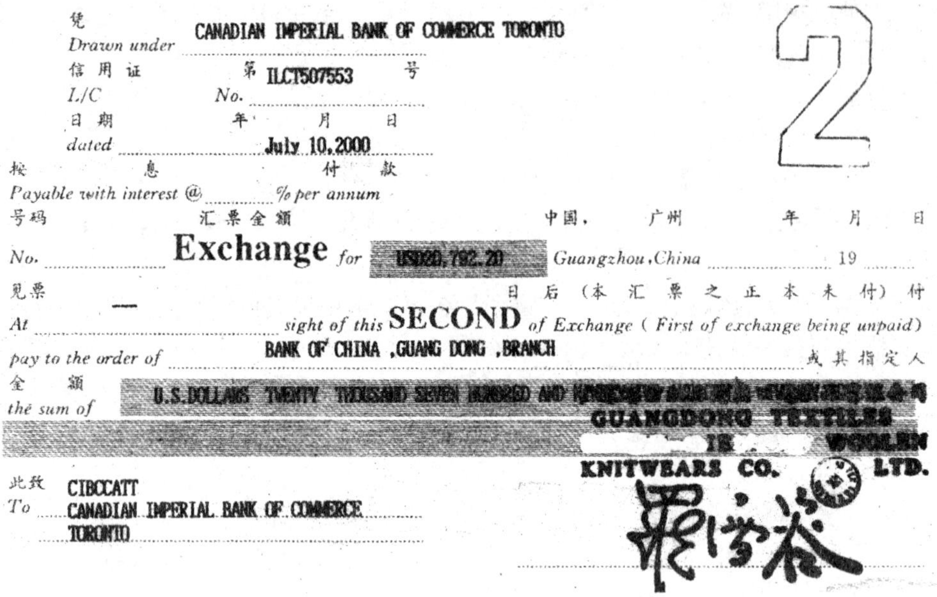

（1）开证行名称：　　　　（2）信用证号码：

（3）开证日期：　　　　（4）汇票的金额（小写）和币制：

（5）汇票金额（大写）：　　　　（6）付款期限：

（7）受款人（收款人）：　　　　（8）付款人（受票人）：

（9）出票人：　　　　（10）汇票抬头人：

（七）案例分析题

1. 我A公司向国外B公司出口货物一批，合同规定的装运期为2018年8月，D/P30天付款。A公司及时装运出口，并备妥全套结汇单据，开出以B公司为付款人的30天远期汇票委托银行托收货款。单证寄抵代收行后、付款人办理承兑手续时，货物已到达目的港，且行情看好，但付款期限未到。为及时提货销售取得资金周转，B公司经代收行同意，向代收银行出具信托收据借取货运单据提前提货。不巧，在销售的过程中，因保管不善，货物被火焚毁，付款人又遇其他债务关系倒闭，无力付款。问：在这种情况下，责任应由谁承担？为什么？

2. 我A公司从国外B公司进口一批钢材，货物分两批装运，支付方式为不可撤销即期信用证，每批分别由中国银行开立一份信用证。第一批货物装运后，卖方在有效期内向银行交单议付，议付行审单后，即向B公司议付货款，随后，中国银行对议付行作了偿付。我A公司在收到第一批货物后，发现货物品质与合同不符，因而要求开证行对第二份信用证项下的单据拒绝付款，但遭开证行拒绝。问：开证行这样做是否合理？为什么？

3. 我某纺织品进出口公司与国外某商人于5月18日签订了一份出口运动服装的合同，合同中规定采用信用证付款方式付款，装运期为10月。由于双方的疏忽，合同中未对信用证的种类予以规定。我方收到国外客户开来的信用证后，发现该证也未规定信用证的种类。问：该证是否要经过修改才可使用？《UCP600》对此是如何规定的？

4. 我A公司向荷兰B公司出口纺织品一批，即期信用证付款。B公司在合同规定的开证时间内开来信用证，证中规定："一俟开证人收到单证相符的单据并承兑后，我行立即付款。"我方银行在审核信用证时，把问题提出来，要求A公司注意该条款。但A公司的业务员认为B公司是老客户了，应该问题不大，遂根据信用证的规定装运出口。当结汇单据交到付款行时，付款行以开证人以单据不符不愿承兑为由拒付。问：（1）银行拒绝付款有无道理？（2）我A公司的失误在哪里？

5. 我A公司向国外客户出口某商品一批，即期不可撤销信用证付款，信用证的到期地点规定在我国。不久，我方收到非洲某开证行开来的一张即期不可撤销保兑信用证，为保证款项的收回，我方请香港某银行对信用证加以保兑。我方按期装运后，将有关单据提交香港保兑行付款。不久接保兑行通知："由于开证行已破产，我行将不承担该信用证的付款责任。"问：（1）保兑行的做法是否正确？为什么？（2）对此情况，我方应如何处理？

6. 我某贸易有限公司以CIF大阪向日本出口一批货物，4月20日由日本东京银行开来一份即期不可撤销信用证。信用证金额为50 000美元，装船期为5月份，证中还规定议付行为纽约银行业中信誉较好的A银行。我中行收到信用证后，于4月22日通知我方，4月底我方获悉进口方因资金问题濒临倒闭。问：在此情况下我方应如何处理？

7. A与B两家食品进出口有限公司共同对外成交出口货物一批，双方约定各交50%，各自结汇，由B公司对外签订合同。事后，外商开来以B公司为受益人的不可撤销信用证，证中未注明"可转让"字样，但规定允许分批装运。B公司收到信用证后及时通知了A公司，两家公司都根据信用证的规定各出口了50%的货物并以各自的名义制作有关的结汇单据。问：两家公司的做法是否妥当？为什么？

8. 我A公司与国外H公司按CFR条件签订一份棉织品出口合同，合同规定装运期为10月份，但未规定具体开证日期。H公司拖延开证，A公司见装运期快到，从9月底开始，连续多次电催H公司开证。10月5日，收到开证的简电通知书（详情后告），A公司因怕耽误装运期，即按简电办理装运。10月28日，B公司开来信用证正本，上面对有关单据作了与合同不符的规定。A公司审证时未予注意，交银行议付时，议付银行也未发现，但开证行以单证不符为由拒付货款。问：我A公司应从此事件中吸取哪些教训？

二、参考答案

（一）名词解释

1. 汇票是出票人签发的，委托付款人在见票时或者在指定日期无条件支付确定的金额给付款人或者持票人的票据。

2. 顺汇法是指进口人向其本地银行购买银行汇票，寄给出口人，出口人凭以向汇票上指定的银行取款。

3. 托收是指债权人（出口商）出具汇票委托银行向债务人（进口商）收取货款的一种支付方式。

4. 不可撤销跟单信用证是指信用证一经开出，在信用证的有效期内，未经受益人及所有当事人的同意，开证行不得片面修改或撤销。只要受益人提交的单据符合信用证规定，开证行必须履行付款义务。

5. 议付信用证是指开证行允许受益人向某一指定银行或任何银行交单议付的信用证。

（二）单项选择题

1. A。理由：《中华人民共和国票据法》第 19 条对汇票作如下定义："汇票是出票人签发的，委托付款人在见票时或者在指定日期无条件支付确定的金额给付款人或者持票人的票据。"

2. A。理由：国际贸易结算中使用的金融票据主要有汇票、本票和支票，实务中使用汇票居多。

3. B。理由：在其他条件相同的前提下，提单签发后，卖方收集完全部的单据才能出具汇票，出票日期不能早于提单签发日期。选项 B 的收款时间最早，对受款人最为有利。

4. B。理由：根据《UCP600》的规定，当信用证上未注明汇票的付款人时，汇票的付款人应是开证行。

5. A。理由：Acceptance（承兑），Presentation（提示），Payment（付款），Endorsement（背书）。

6. A。理由：由于电汇方式能让收款人迅速收到货款，实务中使用最多。

7. C。理由：票汇是指汇出行应汇款人的申请，代汇款人开立以其分行或代理行为解付行的即期汇票，支付一定金额给收款人的一种汇付方式。票汇的付款行不必通知收款人取款，收款人应在收到汇票后自己上门取款。

8. C。理由：电汇（Telegraphic Transfer，简称 T/T）；票汇（Remittance by Banker's Demand Draft，简称 D/D）；信汇（Mail Transfer，简称 M/T）；付款交单（Documents against Payment，简称 D/P）。

9. C。理由：托收是指债权人（出口商）出具汇票委托银行向债务人（进口商）收取货款的支付方式。

10. A。理由：托收是指债权人（出口商）出具汇票委托银行向债务人（进口商）收取货款的支付方式。D/P at Sight 即付款交单，出口商交单即时可收款；D/P at 90 days after sight 即见票后 90 天付款交单；D/P at 30 days after sight 即见票后 30 天付款交单；D/A at 30 days after sight 即见票承兑后交单，见票后 30 天付款。从收款时间和收款风险方面比较，A 选项对出口商最有利。

11. B。理由：根据《UCP600》的规定，信用证开证行的付款责任，不仅是首要的而且是独立的，即使进口商在开证后失去偿付能力，只要出口商提交的单据符合信用证条款，开证行也要负责付款。

12. B。理由：对卖方收汇来说，L/C 是银行信用，风险最小；D/P 和 D/A 属于商业信用，D/P 为付款交单，风险比承兑交单的 D/A 小；O/A 为赊销，风险最大。

13. C。理由：根据《UCP600》的规定，银行处理信用证业务时，只凭单据，不问货物，它只审查受益人所提交的单据是否与信用证条款相符。因此，开证行在单据表面与信用证相符的情况下，即履行付款责任。

14. B。理由：根据《UCP600》的规定，另一银行（保兑行）在开证行授权或要求下，对不可撤销信用证加以保兑，即构成保兑行在开证行承诺以外的一项确定的承诺。如果所规定的单据被提交给保兑行或任何其他指定银行并符合信用证条款，保兑行就应承担承兑、即期付款或延期付款的责任。

15. A。理由：信用证是独立于合同以外的另一份契约，信用证的转让并不意味着买卖合同的转让。可转让信用证转让给第二受益人，第一受益人仍应承担买卖合同中的卖方责任。因此，若第二受益人不能按时交货或单据有问题，责任由第一受益人承担。

16. D。理由：循环信用证是指信用证被全部或部分使用后，其金额又恢复到原金额，可再次使用，直至达到规定的次数或规定的总金额为止的信用证。这种信用证适用于常年定期、定量供货的情况。

17. A。理由：循环信用证是指信用证被全部或部分使用后，其金额又恢复到原金额，可再次使用，直至达到规定的次数或规定的总金额为止的信用证。一张每期用完一定金额后，需等开证行通知到达，才能恢复到原金额继续使用的信用证被称为非自动循环信用证。

18. B。理由：根据《UCP600》的规定，除非另有约定，转让行的转让费用，均由第一受益人负担。

19. B。理由：信用证和托收相结合是指不可撤销信用证与跟单托收两种方式的结合，其具体做法是一笔交易的货款一部分以信用证方式，其余部分以托收方式结算，所以又称“部分信用证、部分托收”。在实际运用时，托收必须用付款交单的方式，出口商要签发两张汇票，一张用于信用证项下部分的货款凭光票支付，另一张随附跟单托收项下，凭跟单汇票付款。这种做法对进口商来说，可减少信用证的开证金额，少付开证押金，少垫资金；对出口商来说，虽然托收部分有一定风险，但有部分信用证的保证，且货运单据跟随托收汇票项下，开证行须待进口商付清全部货款后才能放单，所以，对出口商的收汇安全也较有保障。

20. C。理由：议付和付款的主要区别之一是：议付银行在议付后如因单据与信用证条款不符等原因而不能向开证银行收回款项，还可向受益人追索；而付款银行（以及开证行、保兑行）一经付款，即再无权向受款人追索。

（三）多项选择题

1. CD。理由：国际贸易货款的收付工具主要有外币现钞和票据，采用现钞结算较少，大多数使用非现金结算，即使用代替现金作为流通手段和支付手段的支付工具来结算。国际贸易结算常用的支付工具有汇票、本票和支票。

2. AB。理由：按出票人的不同，汇票可分为商业汇票和银行汇票。

3. ABCD。理由：汇票的用途有出票、提示、承兑（即期汇票无须承兑）、付款等。

4. ABCD。理由：在国际货款的收付中，付款人拒绝承兑、拒绝付款、拒而不见和宣告破产等都被称为拒付。

5. ABC。理由：按我国《票据法》的规定，支票可以分为普通支票、现金支票和转账支票三种。

6. ABCD。理由：本票是出票人对收款人承诺无条件支付一定金额的票据。本票可根据出票人的不同分为商业本票和银行本票，商业本票按付款时间又可分为即期和远期两种。本票的出票人就是付款人。远期本票由付款人签发，就等于本人已承诺在本票到期日付款，因此无须承兑。

7. BCD。理由：在国际贸易中，常用的支付方式有汇付、托收和信用证三种。

8. ABC。理由：汇付通常可分为电汇、信汇和票汇三种。

9. ABCDE。理由：托收方式的当事人主要有委托人（Principal）、托收行（Remitting Bank）、代收行（Collecting Bank）、提示行（Presenting Bank）和付款人（Payer）等。

10. ABCD。理由：信用证的开立是以买卖合同作为依据的，但信用证一经开出，就成为独立于买卖合同以外的另一种契约，不受买卖合同的约束。《UCP600》规定，信用证与其可能依据的买卖合同或其他合同，是相互独立的交易。即信用证中提及该合同，银行也与该合同无关，且不受其约束。所以，信用证是独立于有关合同以外的契约，开证银行和参与信用证业务的其他银行只按信用证的规定办事。

11. ABC。理由：信用证是一种银行信用；信用证是一种自足文件；信用证是一种单据买卖。

12. ACD。理由：根据《UCP600》的规定，只有明确注明“可转让”的信用证方可转让。可转让信用证只能转让一次，但允许第二受益人将信用证重新转让给第一受益人。信用证的转让并不等于买卖合同也已被转让。如果发生第二受益人不能交货，或交货不符合合同规定，单据不符合信用证和买卖合同的要求等情况时，原出口商仍要承担买卖合同规定的卖方责任。

13. BCD。理由：备用信用证与一般跟单信用证的区别主要是：①银行付款的条件不同。对一般银行跟单信用证的付款条件是“单单一致，单证一致”；而备用信用证在付款人不履行付款义务时，银行才承担付款义务。②适用的范围不同。一般跟单信用证主要适用于国际间货物的买卖；而备用信用证可用于所有国际间经济往来的结算。③收款人要求银行付款时所需提供的单据不同。一般跟单信用证要求受益人提交大量商业单据，其中至少包括商业发票和运输单据；而备用信用证通常只需要受益人签发汇票、提交申请人违约声明或再加一份中立机构出具的证书。

14. ABCD。理由：假远期信用证与远期信用证的区别是：①开证基础不同。假远期信用证以即期付款的贸易合同为基础，远期信用证以远期付款的贸易合同为基础。②信用证条款不同。假远期信用证中有假远期的条款，而远期信用证中只有利息由谁负担的条款。③利息的负担者不同。假远期信用证的贴现利息由进口商负担，远期信用证的贴现利息由出口商负担。④收汇的时间不同。假远期信用证的受益人能即期收汇，远期信用证要俟汇票到期才能收汇。

15. CD。理由：根据《UCP600》的规定，未加列保兑文句的信用证，即为不保兑信用证；未明确注明“可转让”的信用证，即为不可转让信用证；未清楚表明可否撤销的信用证，应视作不可撤销信用证。

16. BCD。理由：在国际贸易中。常见的结算方式有信用证、托收和汇付，其中汇付和托收方式属于商业信用，信用证为银行信用。D/P 和 D/A 是托收不同交单条件的两种类型，T/T 是汇付三种类型中的一种。它们都属于商业信用。

17. BCD。理由：D/P at 30 days after sight 是进口商在远期汇票到期付清货款后，银行才将货运单据提交给进口商；D/A at 30 days after sight 是只要进口商就远期汇票办理了承兑手续，银行即可将货运单据提交给进口商。后者的风险比前者大，但两者都存在被进口商拒付的风险。

18. ABC。理由：开立对开信用证的目的是达到贸易平衡，以防止对方只出不进或只进不出。因此，对开信用证一般用于来料加工、补偿贸易和易货贸易。

19. ABCD。理由：对背信用证的新证开立后，原证仍然有效，由开立新证的开证行代原受益人保管。原开证行、原开证申请人与新证毫无关联。对背信用证除了允许商业发票和汇票与原证不符外，其他的所有货运单据都应与原证中的要求完全相符，否则将导致原证的受益人无法交单结汇。

20. ABC。理由：国际商会制定了《跟单信用证统一惯例》。最新的修订版本为《跟单信用证统一惯例——2007 年修订本，国际商会第 600 号出版物》，简称《UCP600》，该版本于 2007 年 7 月 1 日实行。《UCP600》是一个国际惯例，不是国际法规，不具有强制性。

（四）判断题

1. 正确。理由：《中华人民共和国票据法》就付款日期、付款地点和出票地点等内容作了以下规定："汇票上未记载付款日期的，为见票即付。汇票上未记载付款地的，付款人的营业场所、住所或经常居住地为付款地。汇票上未记载出票地的，出票人的营业场所、住所或经常居住地为出票地。"

2. 正确。理由：在国际贸易中，多数使用的是 FOB、CFR、CIF 等象征性交货的贸易术语，买方凭单付款。因此，跟单汇票使用较多。

3. 正确。理由：银行汇票是指汇票的出票人和付款人都是银行的汇票，因此汇票的承兑人是银行。

4. 错误。理由：汇票属于资金单据，是一种很重要的有价证券，它可以代替货币进行转让或流通。

5. 正确。理由：背书是指由汇票持有人在汇票背面签上自己的名字，或再加上受让人的名字，并把汇票交给受让人的行为。汇票经背书后，收款权利转让给被背书人，被背书人若日后遭到拒付可向前手行使追索权。

6. 错误。理由：在票据市场上，贴现是汇票持有人经过背书将汇票转让给银行，银行在扣除一定的利息后将票款付给持票人的行为。转让汇票不一定是办理贴现，但转让汇票必须要背书，背书是转让汇票权利的法定手续。

7. 错误。理由：商业承兑汇票和银行承兑汇票都可以在贴现市场上贴现。

8. 正确。理由：在国际贸易中，资金流向与支付工具的流向相同的结算方式称为顺汇法，反之称为逆汇法。汇付结算方式因资金流向与支付工具的流向相同属于顺汇法，托收和信用证结算方式因资金流向与支付工具的流向相反属于逆汇法。

9. 错误。理由：汇付和托收两种支付方式，是以买卖双方各自的信用为基础向对方提供的信用，因此都属于商业信用。在信用证支付方式下，只要出口人按信用证的要求提交单据，银行即保证付款。因此，信用证支付方式属于银行信用。

10. 正确。理由：远期付款交单（D/P）是指出口人通过银行向进口人提示汇票和货运单据，进口人即在汇票上承兑，并于汇票到期日由代收银行再次向其提示时经付款后向代收银行取得单据。承兑交单（D/A）是指出口人的交单以进口人的承兑为条件，进口人承兑汇票后，即可向银行取得全部货运单据，待汇票到期日才付款。由此可见，对出口人来说，D/A30 天比 D/P30 天的风险大。

11. 错误。理由：根据《UCP600》的规定，“见票后”应理解为见票当天不包含在内，故见票后 15 天应从见票日期的后一天开始计算。本案中进口商于 2020 年 4 月 28 日见票并承兑，按惯例，应从 4 月 29 日开始计算，故进口商应于 2020 年 5 月 13 日付款。

12. 错误。理由：信用证是银行应进口人的请求，开给出口人的一种有条件的保证付款的凭证。开证银行承诺付款的条件就是“单证相符，单单相符”。

13. 错误。理由：信用证转让时，信用证的金额数量、单价、到期地点、交单期等条件，可根据实际情况进行调整。

14. 错误。理由：信用证的转让并不等于买卖合同的转让，如第二受益人不能按时交货或单据有问题，第一受益人（即原出口人）仍要负买卖合同上的卖方责任。

15. 错误。理由：光票信用证是指开证行仅凭受益人开具的汇票或简单收据而无须附带货运单据就履行付款责任的信用证。

16. 正确。理由：按惯例，只要开出的信用证依照《UCP600》解释，该跟单信用证就必须是不可撤销信用证。

17. 正确。理由：根据《UCP600》的规定，信用证一经保兑，即构成保兑行在开证行以外的一项确定承诺。保兑行与开证行一样承担第一性的付款责任，保兑行付款后对受益人或其他前手无追索权。

18. 错误。理由：根据《UCP600》的规定，开立信用证时不应以申请人作为汇票的付款人。承兑信用证的汇票承兑人可以是开证行或其他指定的银行，但不论由谁承兑，开证行均负责该汇票的承兑及到期付款责任。

19. 错误。理由：根据《UCP600》的规定，开证银行承担第一性的付款责任，若单据表面与信用证条款不符，开证银行可以拒绝付款。

20. 正确。理由：从出口商安全收汇的角度考虑，一笔出口交易使用信用证和托收付款时，全套单据必须随附托收项下的汇票，信用证项下的汇票采用光票收款。

（五）计算题

1. 解：贴现后金额 = 票面金额 − 票面金额 × 贴现率 × 贴现期 − 有关费用

$$= 5\ 000\ 000 - 5\ 000\ 000 \times 10\% \times (90/360) - 150$$

$$= 4\ 874\ 850 \text{（美元）}$$

答：该公司贴现后可得 4 874 850 美元。

2. 解：开证利息 = 汇票金额 × 利率 × 垫付时间

$$= 300\ 000 \times 8\% \times (10/360)$$

$$\approx 666.67 \text{（美元）}$$

答：银行要向广州东华进出口公司收取666.67美元的开证利息。

3. 解：贴现利息 = 汇票金额 × 贴现率 × 贴现期

$$= 200\,000 \times 8\% \times (30/360)$$

$$\approx 1\,333.33\ (\text{美元})$$

汇票净值 = 200 000 − 1 333.33 = 198 666.67（美元）

答：银行实付金额为198 666.67美元。

（六）操作题

（1）开证行名称：CANADIAN IMPERIAL BANK OF COMMERCE TORONTO

（2）信用证号码：ILCT507553

（3）开证日期：JULY 10，2000

（4）汇票的金额（小写）和币制：USD20 792.20

（5）汇票金额（大写）：U. S. DOLLARS TWENTY THOUSAND SEVEN HUNDRED AND NINTY-TWO CENTS TWENTY ONLY

（6）付款期限：AT SIGHT

（7）受款人（收款人）：PAY TO THE ORDER OF BANK OF CHINA，GUANGDONG，BRANCH

（8）付款人（受票人）：CIBCCATT CANADIAN IMPERIAL BANK OF COMMERCE TORONTO

（9）出票人：GUANGDONG TEXTILES IE WOOLEN KNITWEARS CO.，LTD.

（10）汇票抬头人：PAY TO THE ORDER OF BANK OF CHINA，GUANGDONG，BRANCH

（七）案例分析题

1. 答：责任应由代收行承担。因为，在D/P30天结算方式下，代收行的交单应以付款人的付款为条件。而本案中，代收行在付款期限未到，B公司向其出具信托收据（即T/R）的情况下，将提货单据借给B公司提货，此行为的风险应由代收行承担。

2. 答：开证行这样做是合理的。因为我方要求开证行拒付，实质为撤销信用证，不可撤销信用证未经有关当事人同意不得撤销。信用证是一种自足文件，一经开立，就成为独立于合同以外的另一份契约。不管B公司提交的货物是否与合同相符，只要单证相符，单单相符，开证行就必须付款。有关品质与合同不符，A公司应依据《公约》直接向B公司索赔。

3. 答：该证不需要修改就可以使用。因为，根据《UCP600》的规定，若信用证中未标明“不可撤销”或“可撤销”字样，应视为不可撤销信用证。而在信用证支付方式下，我们应力争采用的也是不可撤销信用证。因此，该证不需要修改就可以使用。

4. 答：(1) 银行的做法是有道理的。本案中，信用证条款规定“一俟开证人收到单证相符的单据并承兑后，我行立即付款”。该条款改变了信用证支付方式下，开证行承担第一性付款责任的性质，使本信用证下开证行付款的前提条件不是“单证相符，单单相符”，而是在开证人收到单证相符的单据并承兑后付款，只要开证人不承兑，开证行就可以此为由拒付。因此，银行的拒绝付款是有道理的。(2) 我 A 公司的失误在于收到信用证后，对我方银行提出的问题没有注意，过于相信老客户的资信，导致了问题的发生。

5. 答：(1) 保兑行的做法是不正确的。本案中的信用证为不可撤销保兑信用证。在保兑信用证下，保兑行与开证行一样承担第一性的付款责任，其付款依据是只要 A 公司在信用证有效期内提交符合信用证条款规定的合格单据，保兑行就必须履行付款义务，而不是在开证行不能履行付款义务时才付款。因此，只要 A 公司提交的单据符合信用证的规定，保兑行就应履行付款义务。(2) 在此情况下，我方应责成保兑行履行付款义务，以确保我方的利益不受损害。

6. 答：由于信用证支付方式是银行信用，开证行承担第一性的付款责任；信用证项下的付款是一种单据买卖，因而，只要受益人提交的单据符合信用证的规定，开证行就应履行付款义务。本案中，我方凭即期不可撤销信用证与日本客商签约出口货物，尽管我方出运前获悉进口方因资金问题濒临倒闭，但因有开证行第一性的付款保证，且开证行是一家资信较好的银行，所以，我方应根据信用证的规定装运出口，及时制作一整套结汇单据在信用证的有效期内到议付行办理议付手续。

7. 答：A、B 两家公司的做法不妥当。根据《UCP600》的规定，唯有开证行在信用证中明确注明“可转让”，信用证方可转让。本案中，B 公司收到的不可撤销信用证未注明“可转让”字样，则该证是一份不可转让的信用证。两家公司可根据双方的约定各出 50%，但结汇单据的制作必须符合信用证的规定，即以 B 公司的名义制作整套结汇单据；否则，银行将以单证不符为由拒付货款。

8. 答：我 A 公司应吸取的教训有：①在合同中一般应明确规定买方开到信用证的期限，而在本合同中却未作出此项规定，考虑欠周。②装运期为 10 月份，而 A 公司直到 9 月底才开始催证，为时过晚。③10 月 5 日收到简电通知后，即忙于装船，过于草率。④以信用证付款的交易，即使合同中未规定开证期限，按惯例 B 公司有义务不迟于装运期开始前一天将信用证送达 A 公司，而本案的信用证迟至装运期开始后第 23 天才送达，显然违反惯例。A 公司理应向 B 公司提出异议，并保留以后提出索赔的权利，而 A 公司对此却只字未提。⑤收到信用证后理应认真地、逐字逐句地审核，而 A 公司工作粗糙，疏忽大意。

第七章
商品检验、索赔、不可抗力和仲裁

一、练习题

（一）名词解释

1. 法定检验　　2. 索赔　　3. 罚金
4. 不可抗力　　5. 仲裁

（二）单项选择题

1. 货物在装船前或装运时，由买卖双方约定的商检机构检验货物，并以其检验货物后出具的检验证明作为货物品质、重量或数量的最后依据。此种检验也称为（　　）。

A. “离岸品质、到岸重量”
B. “离岸品质、离岸重量”
C. “到岸品质、到岸重量”
D. “到岸品质、离岸重量”

2. 从买卖双方的利益考虑，在出口国检验、进口国复验这种检验条款的规定方法（　　）。

A. 对卖方有利　　B. 对买方有利
C. 照顾了买卖双方的利益　　D. 对保险公司有利

3. 我国从事商品检验的官方机构是（　　）。

A. 国家市场监督管理总局和设在各地的监督机构
B. 国家食品药品监督总局和设在各地的监督机构
C. 国家海关总署和设在各地的检验机构
D. 国家药品监督管理局和设在各地的监督机构

4. 下列认证中，属于国际标准化组织认证的是（　　）。

A. ISO 认证　　B. CE 认证
C. UL 认证　　D. BSI 认证

5. 根据《公约》的规定，对于非根本性违约，受损害方无权要求（　　）。

A. 实际履行　　B. 损害赔偿
C. 履约　　D. 解除合同

6. 按《公约》的解释，如违约的情况尚未达到根本性违反合同的程度，则受损害方（　　）。

A. 只可宣告合同无效，不能要求赔偿损失

B. 只能提出损害赔偿的要求，不能宣告合同无效

C. 不但有权向违约方提出损害赔偿的要求，而且可宣告合同无效

D. 不能要求赔偿损失，更不能宣告合同无效

7. 在国际货物买卖合同中，异议与索赔条款适用于品质、数量、包装等方面的违约行为，它的赔偿金额（　　）。

A. 一般预先规定　　B. 一般不预先规定

C. 由买方规定　　D. 由卖方确定

8. 在国际贸易销售合同中，当收货数量少于提单所载数量，或提单是清洁的，而由于船方责任，货物存在残损短缺情况，受损害方可向（　　）提出索赔。

A. 保险公司　　B. 承运人

C. 买方　　D. 卖方

9. 根据我国《民法典》的规定，给付定金的一方不履行债务的，或者履行债务不符合约定，致使不能实现合同目的的，无权请求返还定金；如收取定金的一方违约，致使不能实现合同目的的，则应向对方（　　）返还定金。

A. 等额　　B. 双倍

C. 三倍　　D. 四倍

10. 根据《公约》的规定，买方向卖方提出索赔的最后期限是（　　）。

A. 货物在装运港装运完毕即提单签发日期后两年

B. 货物到达目的港卸离海轮后两年

C. 经出口商品检验机构检验得出检验结果后两年

D. 买方实际收到货物起两年之内

11. 我国在国际货物买卖合同中，较多采用的不可抗力事故范围的规定方法是（　　）。

A. 概括规定　　B. 不规定

C. 具体规定　　D. 综合规定

12. 在国际货物销售合同履行过程中，发生了（　　）的事件，违约方可援引不可抗力条款要求免责。

A. 战争　　B. 世界市场价格上涨

C. 生产制作过程中的过失　　D. 货币贬值

13. 在我国，出具不可抗力事件证明的机构是（　　）。

A. 商品检验检疫局　　B. 海关总署

C. 公证机构　　D. 中国国际商会

14. 我方与德商签订一笔进口机器零件的合同。合同签订以后，德商安排两间工厂同时投入生产。在生产过程中，其中一间工厂由于意外事故发生火灾，完全丧失了生产能力，德商（　　）。

A. 因遇不可抗力事故，可要求解除合同

B. 因遇不可抗力事故，可要求延期履行合同

C. 因遇不可抗力事故，可要求延期履行合同，但我方有索赔的权力

D. 不属于不可抗力的范围，我方应要求德商按期履行合同

15. 在国际贸易中，不可抗力的含义及其叫法并不统一。在英美法中，有所谓（　　）原则。

A. 合同落空　　B. 情势变迁

C. 契约失效　　D. 合同失效

16. 通过仲裁解决国际货物销售合同中买卖双方的争议时，买卖双方当事人必须向仲裁机构提交（　　），而且必须是书面形式。

A. 仲裁申请　　B. 买方的申请报告

C. 卖方的申请报告　　D. 仲裁协议

17. 在我国，凡由国际经济贸易仲裁委员会作出的裁决，其效力是（　　）。

A. 终局的，对争议双方具有约束力

B. 非终局的，对争议双方不具有约束力

C. 有时是终局的，有时是非终局的

D. 一般还需法院最后判定

18. 在我国对外签订的国际贸易销售合同中，对于仲裁条款中仲裁地点的规定，我们应力争在（　　）仲裁。

A. 中国　　B. 英美法系国家

C. 双方同意的第三国　　D. 大陆法系国家

19. 国际货物买卖中，当交易双方就商品品质发生争议未能协商解决，而提交仲裁或进行司法诉讼时，（　　）是仲裁机构或法院进行裁决的重要依据。

A. 消毒检验证书　　B. 产地检验证书

C. 品质检验证书　　D. 卫生检验证书

20. 下列单词中，表示仲裁的是（　　）。

A. Inspection　　B. Claim

C. Force Majeure　　D. Arbitration

（三）多项选择题

1. 在国际货物买卖合同中商品检验条款的内容主要有（　　）。

A. 检验时间　　B. 检验地点

C. 检验机构　　D. 检验证书

2. 国际货物买卖合同中商品检验时间与地点的规定方法主要有（　　）。

A. 在出口国检验　　B. 在进口国检验

C. 在出口国检验、进口国复检　　D. 在第三国检验

3. 在国际贸易中，从事商品检验的机构主要有（　　）。

A. 官方机构　　B. 非官方机构

C. 生产制造商　　D. 用货单位或买方

4. 在国际贸易中，商品检验的标准主要有（　　）。

A. 生产国标准　　B. 进口国标准

C. 国际通用标准　　D. 买卖双方协议的标准

5. 在进出口商品检验中，主要的检验方法有（　　）。

A. 感官检验法　　B. 物理检验法
C. 化学检验法　　D. 微生物检验法

6. 国际上解决国际货物买卖合同争议所采用的方法主要有（　　）。
A. 协商　　B. 调解
C. 仲裁　　D. 诉讼

7. 下列商品的进出口，索赔期限一般规定为货到目的港（地）后 1 ~ 10 天的是（　　）。
A. 新鲜水产　　B. 新鲜蔬菜
C. 新鲜牛肉　　D. 新款毛衣

8. 在国际贸易中，争议产生的原因主要有（　　）。
A. 在合同履行完毕后，希望继续达成新的交易
B. 缔约双方中的一方故意不履约
C. 当事人一方的过失或疏忽，导致合同不能履行
D. 缔约双方对合同条款理解不一

9. 进出口合同中的索赔条款有（　　）两种规定方法。
A. 异议与索赔条款　　B. 定金条款
C. 罚金条款　　D. 定金罚则条款

10. 在国际贸易中，根据损失的原因和责任的不同，受损害方可向（　　）提出索赔。
A. 买方　　B. 卖方
C. 承运人　　D. 保险公司

11. 不可抗力事故引起的法律后果是，遭遇事故的一方可要求（　　）。
A. 损害赔偿　　B. 解除合同
C. 延期履行合同　　D. 交付替代货物

12. 不可抗力事故的构成条件是（　　）。
A. 事故发生在合同订立以后
B. 事故发生是双方当事人所不能控制的
C. 事故不是任何一方当事人的过失、疏忽或故意造成的
D. 遭遇意外事故的一方负全责

13. 不可抗力事故发生的原因中，属于“自然力量”原因的是（　　）。
A. 水灾和火灾　　B. 暴风雨和地震
C. 冰雹和大雪　　D. 战争和罢工

14. 不可抗力事故发生的原因中，属于“社会力量”原因的是（　　）。
A. 战争和罢工　　B. 政府禁令
C. 冰雹和大雪　　D. 国家政变

15. 尽管各国对不可抗力有不同的叫法与说明，但其精神原则大体相同。在英美法和大陆法系中叫法有（　　）。
A. 合同落空　　B. 情势变迁
C. 契约失效　　D. 合同失效

16. 在国际货物买卖中发生争议，可以选择仲裁或诉讼解决争议，但两者是不同的，仲裁与诉讼的区别有（　　）。

A. 仲裁以争议双方当事人自愿为基础，而诉讼具有强制性

B. 仲裁的手续较为简单，而诉讼的手续比较复杂

C. 仲裁对双方的关系影响较小，而诉讼较伤和气

D. 仲裁的费用较低，而诉讼的费用较高

17. 仲裁协议的作用，主要表现在（　　）。

A. 约束双方当事人解决争议的方式

B. 排除法院对该案件的管辖权

C. 授予仲裁机构对争议案件的管辖权

D. 仲裁解决不了问题，还可提请上诉

18. 合同中的仲裁条款对仲裁地点的规定有三种方法，具体是（　　）。

A. 规定在我国仲裁

B. 规定在被告所在国仲裁

C. 规定在双方同意的第三国仲裁

D. 规定在联合国仲裁

（四）判断题

1. 检验证书可以证明出口商是否按合同规定的品质、数量、包装和卫生条件交付货物，是出口商出口结汇的单据之一。（　　）

2. 在国际货物买卖交易中，若买方没有利用合理的时间检验货物，就是放弃了检验权，从而就丧失了拒收货物的权力。（　　）

3. 若合同中规定以离岸品质、离岸重量为准，则以双方约定的商检机构，在货物运达目的港（地）后出具的品质、数量、包装等检验证明，作为决定品质和重量的最后依据。（　　）

4. 凡属法定检验范围的商品，在办理进出口清关手续时，必须向海关提供商检机构签发的检验证书，否则，海关不予放行。（　　）

5. 我某公司向意大利商人出口一批牛皮，在合同规定的复验期内，意商未提出异议，当意商将牛皮制成皮带后，发现皮带前后色差严重，影响皮带的销售，意商认为此乃我方交货的牛皮存在严重质量问题所致，要求退货是合理的。（　　）

6. 对既有我国标准又有国际标准或国外标准的商品，一般情况下应采用国际标准进行买卖。（　　）

7. 在国际货物销售合同中，若合同中无规定索赔条款，买方便无权提出索赔。（　　）

8. 我某公司进口花生仁 1 公吨，合同规定采用真空包装，每包净重 200 克，25 包装一纸箱，共 2 000 箱。货到开箱后，发现纸箱内的小包装为 100 克一包，每箱装 50 包。实际包装与合同不符，我方向船公司索赔是合理的。（　　）

9.《海牙规则》规定，向船公司提出索赔的期限是货物到达目的港交货后一年。（　　）

10. 被保险人向保险公司提出索赔的期限一般为被保险货物在最后卸货港卸离海轮后，最多不超过两年。（　　）

11. 当事人就迟延履行约定违约金的，违约方支付违约金后，就可以不履行债务。(　　)

12. 声称另一方违反合同的一方，必须按情况采取合理措施，减轻由于该另一方违反合同而引起的损失，包括利润方面的损失。如果他不采取这种措施，违反合同一方可以要求从损害赔偿中扣除原可以减轻的损失数额。(　　)

13. 在合同中同时约定违约金和定金的情况下，如一方违约，对方可以选择适用违约金和定金条款。(　　)

14. 一方当事人违反合同应负的损害赔偿额，应与另一方当事人因他违反合同而遭受的包括利润在内的损失额相等。(　　)

15. 引起不可抗力事故的原因包括“自然力量”和“社会力量”引起的所有灾害和意外事故。(　　)

16. 如果不可抗力的发生只是暂时影响了合同的履行，待不可抗力事故消失后一段时间内，还可以履行合同的，这种情况就可以不解除合同，只是延期履行合同。(　　)

17. 当事人将争议提请仲裁机构仲裁时，必须提交书面的仲裁协议；否则，仲裁机构不予受理。(　　)

18. 仲裁协议必须在双方争议发生之前签订，否则仲裁机构将不予受理。(　　)

19. 在我国，凡由国际经济贸易仲裁委员会作出的裁决都是终局性的，对双方当事人都有约束力，任何一方都不许向法院起诉要求变更。(　　)

20. 国际组织的仲裁机构是国际商会仲裁院，该仲裁院设在海牙，又称海牙仲裁院。(　　)

（五）案例分析题

1. 我国某出口企业以CIF纽约与美国某公司订立了2 000万个一次性医用口罩的出口合同。合同规定2020年4月底交货。4月中旬，我企业出口商品仓库发生雷击火灾，致使2 000万个口罩中大约1 000万个口罩被烧毁或淋湿。我企业以发生不可抗力事故为由，要求免除交货责任，美方不同意，坚持要求我方按时交货。经多方努力，我方于5月初交货，美方要求索赔。问：(1) 我方要求免除交货责任的要求是否合理？为什么？(2) 美方的索赔要求是否合理？为什么？

2. 我A公司与美国B公司以CIF纽约的条件出口一批农产品，订约时，我A公司已知道该批货物要转销加拿大。该货物到纽约后，立即转运加拿大。B公司凭加拿大商检机构签发的在加拿大检验的证明书，向我方索赔。问：我A公司应如何应对加拿大的检验证书？

3. 我A公司出口医用防护服给法国B公司，B公司又将医用防护服转售给德国的C公司。货抵法国港口后，B公司已发现医用防护服存在质量问题，但因市场急需医用防护服，B公司仍将原货经另一艘船运往德国，C公司收到货物后，除发现货物质量问题外，还发现有30箱货物包装破损，货物短少，因而向B公司索赔，据此，法国B公司又向我A公司提出索赔。问：此案中，我A公司是否应负责赔偿？为什么？

4. 某企业以CIF条件出口1 000公吨大米，合同规定为一级大米，每公吨300美元，共300 000美元。卖方交货时，实际交货的品质为二级大米。按订约时的市场价格，二级大米每公吨250美元。问：（1）根据《公约》的规定，此案中，买方可以主张何种权利？（2）若买方索赔，其提出的索赔要求可包括哪些损失？

5. 买卖双方以CIF贸易术语达成一笔交易，合同规定卖方向买方出口商品5 000件，每件15美元，信用证支付方式付款；商品检验条款规定："以出口国商品检验局出具的检验证书为卖方议付的依据，货到目的港，买方有权对商品进行复验，复验结果作为买方索赔的依据。"卖方按时装运出口并顺利结汇以后，收到了买方索赔的电报，告知货物质量与合同规定不符，同时附有目的港检验机构出具的检验证明，但卖方认为，交易已经结束，责任应由买方自负。问：卖方的看法是否正确？为什么？

6. 我B公司从美国A公司进口一批芯片，在合同履行的过程中，美国政府宣布禁止向我B公司出口销售芯片，A公司因美国政府禁令无法销售该合同约定的芯片，遂以不可抗力为由主张解除合同。问：A公司能否主张这种权利？为什么？

7. 我方按FOB条件进口商品一批，合同规定交货期为5月份。4月8日接对方来电称，因洪水冲毁公路（附有证明），要求将交货期推至7月份。我方接信后，认为既然有证明因洪水冲毁公路，推迟交货期应没有问题，但因广交会期间工作比较忙，我方一直未给对方答复。6、7月份船期较紧，我方于8月份才派船前往装运港装货。因货物置于码头仓库产生了巨额的仓储、保管等费用，对方便要求我方承担有关费用。问：我方可否以对方违约在先为由，不予理赔？为什么？

8. 甲方与乙方签订了出口某种货物的买卖合同一份，合同中的仲裁条款规定："凡因执行本合同所发生的一切争议，双方同意提交仲裁，仲裁在被诉人所在国家进行。仲裁裁决是终局的，对双方具有约束力。"在履行合同的过程中，乙方提出甲方所交的货物品质与合同规定不符，于是双方将争议提交甲国仲裁。仲裁庭经调查审理，认为乙方的举证不实，裁决乙方败诉，事后，甲方因乙方不执行裁决向本国法院提出申请，要求法院强制执行，乙方不服。问：乙方可否向本国法院提请上诉？为什么？

二、参考答案

（一）名词解释

1. 法定检验是指商检机构或者国家商检部门指定的检验机构，根据国家法律、行政法规，对规定的进出口商品和有关的检验事项实施强制性检验。

2. 索赔是指遭受损害的一方在争议发生后，向违约方提出赔偿的要求。

3. 罚金又称违约金，是合同当事人一方未履行合同义务而向对方支付的约定的违约金。

4. 不可抗力又称人力不可抗拒，是指在货物买卖合同签订以后，不是由于订约者任何一方当事人的过失或疏忽，而是发生了当事人既不能预见和预防，又无法避免和克服的意外事故，以致不能履行或不能如期履行合同，遭受意外事故的一方可以免除履行合同的责任或延期履行合同。

5. 仲裁又称为公断，是指买卖双方在争议发生前或发生后，签订书面协议，自愿将争议提交双方所同意的第三者予以裁决，以解决争议的一种方式。

（二）单项选择题

1. B。理由：按定义，货物在装船前或装运时，由买卖双方约定的商检机构检验货物，并以其检验货物后出具的检验证明作为货物品质、重量或数量的最后依据。此种检验也称为“离岸品质、离岸重量”

2. C。理由：在出口国检验、进口国复验这种检验条款的规定方法既可以在装运时，由装运地商检机构出具检验证书，作为卖方用托收或用信用证方式收取或议付货款时的凭证之一，又允许买方于货物到达目的港（地）后，对货物进行复验。经复验后，当发现货物品质、重量与合同规定不符，并确属卖方责任时，买方可凭目的港（地）检验机构所出具的检验证书向卖方提出异议。这种做法在一般情况下较为公平合理，符合国际贸易习惯和法律规则，因此，在我国当前进出口业务中较为常用。

3. C。理由：我国从事商品检验的官方机构是国家海关总署和设在各地的检验机构。

4. A。理由：ISO（International Standard Organization）是国际标准化组织制定的标准，其认证机构为合格评定委员会。CE 是法语 Conformité Européene（欧洲合格评定）的缩写，是欧洲联盟实行的安全认证。UL 是保险商实验所（Underwriter Laboratories Inc.）的英文简写，也称安全实验所，是美国民间的检验机构。BSI 是英国标准学会（British Standard Institution）的英文简写，是英国认证机构委员会认可的民间认证机构。

5. D。理由：根据《公约》的规定，对于非根本性违约，受害人只能要求损害赔偿，而无权要求解除合同。

6. B。理由：《公约》第 25 条规定：“一方当事人违反合同的结果，如使另一方当事人蒙受损害，以至于实际上剥夺了他根据合同规定有权期待得到的东西，即为根本违反合同，除非违反合同一方并不预知而且一个同等资格、通情达理的人处于相同情况中也没有理由预知会发生这种结果。”当一方当事人违反合同的结果，没有达到根本性违反合同的程度时，即为非根本性违约。凡违约行为属于根本性违反合同时，受损害方才有权既宣告合同无效并要求损害赔偿，而当违约行为属于非根本性违反合同时，受损害方只能要求损害赔偿而不能宣告合同无效。

7. B。理由：因为违约的情况比较复杂，究竟在哪些业务环节上违约和违约的程度如何等，订约时难以预计，对于违约的索赔金额也难以预卜，所以在合同中不作具体规定。

8. B。理由：如果有收货数量少于提单所载数量；提单是清洁的，而货物却有残损短缺，且是船方责任造成的等情况，此时损失是承运人的责任，受损害方应向承运人索赔。

9. B。理由：根据《中华人民共和国民法典》第 587 条的规定，收受定金的一方不履行债务或者履行债务不符合约定，致使不能实现合同目的的，应当双倍返还定金。

10. D。理由：《公约》第 39 条第（2）款规定：“无论如何，如果买方不在实际收到货物之日起两年内将货物不符合合同情形通知卖方，他就丧失声称货物不符合合同的权利，除非这一期限与合同的保证期限不符。”

11. D。理由：不可抗力条款有概括式、列举式和综合式三种规定方法，其中综合式规定方法既列明了双方当事人已经取得共识的各种不可抗力事故，又加列上“其他不可抗力的原因”这一文句，这就为将来如果发生合同未列明的意外事故时，便于由双方当事人共同确定是否作为不可抗力事故。因此，这种规定方法既明确具体，又有一定的灵活性，比较科学实用。在我国的业务实践中，多采用这种规定方法。

12. A。理由：不可抗力是指在货物买卖合同签订以后，不是由于订约者任何一方当事人的过失或疏忽，而是发生了当事人既不能预见和预防，又无法避免和克服的意外事故，以致不能履行或不能如期履行合同，遭受意外事故的一方可以免除履行合同的责任或延期履行合同。世界市场价格上涨、生产制作过程中的过失和货币贬值是可以预见、可以预防、可以避免和可以控制的事件，只有战争是无法避免和无法控制的，因而，战争是不可抗力事件。

13. D。理由：在我国，出具不可抗力事件证明的机构是中国国际商会。

14. B。理由：不可抗力是指在货物买卖合同签订以后，不是由于订约者任何一方当事人的过失或疏忽，而是发生了当事人既不能预见和预防，又无法避免和克服的意外事故，以致不能履行或不能如期履行合同，遭受意外事故的一方可以免除履行合同的责任或延期履行合同。其所引起的后果有两种：一种是解除合同，另一种是延期履行合同。由于合同签订以后，德商的两间工厂之一由于意外事故发生火灾，完全丧失了生产能力，但另一间工厂仍有生产能力，因而应该延期履行合同。

15. A。理由：在国际贸易中，不可抗力的含义及其叫法并不统一。在英美法中，有“合同落空”原则；大陆法系中有所谓“情势变迁”或“契约失效”原则。

16. D。理由：根据我国《仲裁法》的规定，有效的仲裁协议必须具备四项条件：①必须载有请求仲裁的意思表示、选定的仲裁委员会和约定事项；②必须是书面的；③当事人必须具有签订仲裁协议的行为能力；④仲裁协议的形式和内容合法。

17. A。理由：仲裁裁决的效力主要是指由仲裁庭作出的裁决，对双方当事人是否具有约束力，是否是终局性的，能否向法院起诉要求变更裁决。在我国，凡由国际经济贸易仲裁委员会作出的裁决都是终局的，对双方当事人都具有约束力，必须依照执行，任何一方都不许向法院起诉要求变更。其他许多国家也有类似做法。

18. A。理由：在什么地方仲裁，是买卖双方在磋商仲裁条款时的一个重点，这主要是因为，仲裁地点与仲裁所使用的程序法以及合同所使用的实体法关系甚为密切。按照某些国家法律的解释，凡属程序方面的问题，除非仲裁协议另有规定，一般都适用审判地法律，即在哪个国家的仲裁，就往往适用哪个国家的仲裁法规。至于确定合同双方当事人权利、义务的实体法，如合同中未规定，一般是由仲裁员根据仲裁地点所在国的法律冲突规则予以确定。由此可见，仲裁地点不同，适用的法律可能不同，对买卖双方的权利、义务的解释就会有差别，其结果也会不同。因此，交易双方对于仲裁地点的确定都很关注，都力争在自己比较了解和信任的地方，尤其是力争在本国仲裁。

19. C。理由：就商品品质发生争议，品质检验证书是仲裁机构或法院进行裁决的重要依据。

20. D。理由：Inspection（检验）、Claim（索赔）、Force Majeure（不可抗力）、Arbitration（仲裁）

（三）多项选择题

1. ABCD。理由：在国际货物买卖合同中商品检验条款的内容主要有检验时间与地点、检验机构和检验证书。

2. ABC。理由：合同中商品检验时间与地点的规定方法主要有在出口国检验，在进口国检验和在出口国检验、进口国复检三种。

3. ABCD。理由：在国际贸易中，从事商品检验的机构主要有官方机构、非官方机构、生产制造商和用货单位或买方。

4. ABCD。理由：在国际贸易中，商品检验的标准主要有生产国标准、进口国标准、国际通用标准以及买卖双方协议的标准等。

5. ABCD。理由：在进出口商品检验中，检验方法主要有感官检验法、物理检验法、化学检验法、微生物检验法等。

6. ABCD。理由：国际上解决国际货物买卖合同争议所采用的方法主要有协商、调解、仲裁和诉讼。

7. ABC。理由：容易变质的商品，例如新鲜水产、新鲜蔬菜等，索赔期限一般规定货到目的港（地）后1～10天。普通商品索赔期限一般规定货到目的港（地）后30～45天。

8. BCD。理由：在国际贸易中，争议产生的原因主要有：①缔约双方中的一方故意不履约；②当事人一方的过失或疏忽，导致合同不能履行；③缔约双方对合同条款理解不一。

9. AC。理由：进出口合同中的索赔条款有异议与索赔条款和罚金条款两种规定方法。

10. ABCD。理由：在国际贸易中，根据损失的原因和责任的不同，受损害方可向贸易违约方（买方或卖方）索赔、向保险公司索赔和向承运人索赔。

11. BC。理由：不可抗力事故引起的法律后果有：①遭遇事故的一方可要求解除合同；②遭遇事故的一方可要求延期履行合同。

12. ABC。理由：不可抗力事故的构成条件是：①它是在签订合同以后发生的；②它不是任何一方当事人的过失、疏忽或故意造成的；③它是双方当事人所不能控制的，即无法预见、无法避免、无法预防的。

13. ABC。理由："自然力量"的原因包括水灾、火灾、冰雹、暴风雨、大雪、地震等。在国际贸易中，除非是故意纵火，火灾一般都视作不可抗力事故处理。

14. ABD。理由："社会力量"的原因包括发生战争、工人罢工、政府禁令、发生政变、国际航道封闭等。

15. ABC。理由：在国际贸易中，不可抗力的含义及其叫法并不统一。在英美法中，有"合同落空"原则；大陆法系中有所谓"情势变迁"或"契约失效"原则。尽管各国对不可抗力有不同的叫法与说明，但其精神原则大体相同。

16. ABCD。理由：仲裁与诉讼的区别有：①仲裁以争议双方当事人自愿为基础，而诉讼具有强制性；②仲裁的手续较为简单，而诉讼的手续比较复杂；③仲裁对双方的关系影响较小，而诉讼较伤和气；④仲裁的费用较低，而诉讼的费用较高。

17. ABC。理由：仲裁协议的作用，主要表现在：①约束双方当事人解决争议的方式；②排除法院对该案件的管辖权；③授予仲裁机构对争议案件的管辖权。

18. ABC。理由：合同中的仲裁条款对仲裁地点的规定有三种方法：①规定在我国仲裁；②规定在被告所在国仲裁；③规定在双方同意的第三国仲裁。

（四）判断题

1. 正确。理由：检验证书的作用主要有：①作为证明卖方所交货物的品质、重（数）量、包装以及卫生条件等是否符合合同规定的依据；②作为买方对品质、重（数）量、包装以及卫生条件等提出异议、拒收货物、要求理赔、解决争议的凭证；③作为卖方银行议付货款的一种单据；④作为通关验放的有效证件；⑤作为证明货物在装卸、运输时的实际情况，明确责任归属的依据。

2. 正确。理由：《公约》第38条第（1）款规定："买方必须在按情况实际可行的最短时间内检验货物或由他人检验货物。"《公约》第39条第（1）款规定："买方对货物不符合合同，必须在发现或理应发现不符情形后一段合理时间内通知卖方，说明不符合合同情形的性质，否则就丧失声称货物不符合合同的权利。"

3. 错误。理由：如果买卖双方在合同中规定以离岸品质、离岸重量为准，则以双方约定的商检机构，在出口货物装船前出具的品质、数量、包装等检验证明，作为决定品质和重量的最后依据。货物运抵目的港（地）后，买方如再对货物进行复验，即使发现问题，也无权再表示拒收或提出异议和索赔。

4. 正确。理由：法定检验是指商检机构或者国家商检部门指定的检验机构，根据国家法律、行政法规，对规定的进出口商品和有关的检验事项实施强制性检验。属于法定检验的出口商品，未经检验合格者，不准出口。另外，商检证书也是海关通关验放的有效证件。

5. 错误。理由：一方面，意商在合同的复验期内未提出异议，表明意商已默认我方交货的质量与合同相一致。另一方面，根据《公约》的规定，买方如果不能按实际交货的原状归还货物，他就丧失了宣告合同无效或要求卖方交付替代物的权利。意商已将牛皮加工成皮带，不能按实际交货的原状归还货物，因而意商要求退货是不合理的。

6. 错误。理由：对既有我国标准又有国际标准或国外标准的商品，一般情况下应采用我国标准进行买卖，以便卖方掌握交货的品质。

7. 错误。理由：合同是一份法律性文件，只要卖方未履行或未完全履行合同，买方就有权根据合同的规定向卖方提出索赔。

8. 错误。理由：船公司只负责把货物运至指定的目的港，只要交货的数量与提单一致，且运输包装没有残损，船公司就没有责任。卖方采用小袋包装（100克/袋）代替大袋包装（200克/袋），虽然总数量及总箱数不变，但包装与合同要求不符，所以我方应向卖方索赔。

9. 正确。理由：向责任方提出索赔，应在规定的期限内提出，过期提出索赔无效。按《海牙规则》规定，买方向船方索赔的时限，是货物到达目的港交货后一年。

10. 正确。理由：按《中国保险条款》规定，买方向保险公司索赔的时限，是货物在卸货港卸离海轮后两年。

11. 错误。理由：《中华人民共和国民法典》第585条的规定，当事人就迟延履行约定违约金的，违约方支付违约金后，还应当履行债务。

12. 正确。理由：根据《公约》第77条的规定："声称另一方违反合同的一方，必须按情况采取合理措施，减轻由于该另一方违反合同而引起的损失，包括利润方面的损失。如果他不采取这种措施，违反合同一方可以要求从损害赔偿中扣除原可以减轻的损失数额。"

13. 正确。理由：《中华人民共和国民法典》第 588 条规定：当事人既约定违约金，又约定定金的，一方违约，对方可选择适用违约金或定金条款。

14. 正确。理由：根据《公约》第 74 条的规定："一方当事人违反合同应负的损害赔偿额，应与另一方当事人因他违反合同而遭受的包括利润在内的损失额相等。"

15. 错误。理由：引起不可抗力事故的原因有"自然力量"和"社会力量"两种。前者是指洪水、暴风、干旱、暴风雪、地震等人类无法控制的自然界力量所引起的灾害；后者是指战争、罢工、政府禁止有关商品进出口等。但不能错误地认为，所有的"自然力量"和"社会力量"引起的事件，都属于不可抗力事件。

16. 正确。理由：不可抗力事故的后果有解除合同和延期履行合同两种。如果不可抗力的发生只是暂时影响了合同的履行，待不可抗力事故消失后一段时间内，还可以履行合同的，这种情况就可以不解除合同，只是延期履行合同。

17. 正确。理由：根据我国《仲裁法》的规定，有效的仲裁协议必须具备四项条件：①必须载有请求仲裁的意思表示、选定的仲裁委员会和约定事项；②必须是书面的；③当事人必须具有签订仲裁协议的行为能力；④仲裁协议的形式和内容合法。

18. 错误。理由：根据我国《仲裁法》的规定，仲裁协议可在双方争议发生之前或之后签订。

19. 正确。理由：在我国，凡由国际经济贸易仲裁委员会作出的裁决都是终局性的，对双方当事人都有约束力，任何一方都不许向法院起诉要求变更。

20. 错误。理由：国际组织的仲裁机构有设在巴黎的国际商会仲裁院（The ICC International Court of Arbitration），又称巴黎仲裁院。

（五）案例分析题

1. 答：(1) 我方的要求不合理。本案中，我方出口商品仓库发生雷击火灾，致使大约 1 000 万个口罩烧毁或淋湿，属于不可抗力事故。我方可以发生不可抗力事故为由，向对方提出延期履行合同的要求，但不能提出解除合同的要求。因此，我方不能要求免除交货责任。(2) 美方的索赔要求不合理。既然发生了不可抗力事故，且已备好的货物一半被烧毁，这必然影响我方的交货时间。另外，不可抗力是一项免责条款，可免除遭受不可抗力事故一方不能如期履约的责任。美方应考虑实际情况同意延期履行合同。因此，美方的索赔要求是不合理的。

2. 答：《公约》第 38 条第（3）款规定："如果货物在运输途中改运或买方须再发运货物，没有合理机会加以检验，而卖方在订立合同时已知道或理应知道这种改运或再发运的可能性，检验可推迟到货物到达新目的地后进行。"根据上述规定，B 公司提交的加拿大检验证书应是有效的。

3. 答：我 A 公司不负赔偿责任。①法国 B 公司在 A 公司的货物运抵法国后，虽发现货物存在质量问题，但并未向 A 公司索赔，也未请有关部门对到货进行复验，即放弃了检验权，从而丧失了拒收货物的权利。②B 公司将原货经另一艘船运往德国 C 公司，已构成了 B 公司与 C 公司之间的合同内容，而非我 A 公司与法国 B 公司的合同内容，有关货物的损失应由德国C公司找法国B公司处理。所以，我A公司不负赔偿责任。

4. 答：（1）本案中，卖方交货的大米从一级降为二级，属于货物品质不符合合同规定的条件的违约，但该违约的后果并未达到完全剥夺买方根据合同规定应该得到的利益，因此，根据《公约》的规定属于非根本性违约，买方据此可以主张向卖方提出损害赔偿的权利。（2）根据《公约》第74条的规定，买方提出的索赔要求可包括：①一级大米与二级大米之间的差价；②因卖方违反合同而使买方遭受的利润损失。

5. 答：卖方的看法是不正确的。本案中，商品检验条款规定："以出口国商品检验局出具的检验证书为卖方议付的依据，货到目的港，买方有权对商品进行复验，复验的结果作为买方索赔的依据。"说明出口商品检验局出具的检验证明并不是确定交货品质和重量的最后依据，而仅是议付的依据。若收到货物后，经复验发现货物的质量与合同规定的不符，买方有权向卖方提出索赔，卖方则应该承担合同中的卖方责任。所以，卖方的看法是不正确的。

6. 答：A公司能以不可抗力为由主张解除合同。因为美国政府在买卖双方履行合同的过程中，宣布禁止向我B公司出口销售芯片，使得A公司无法继续履行合同，属于不可抗力事故。故美国A公司能以不可抗力为由主张解除合同。

7. 答：我方不可以对方违约在先为由，不予理赔。根据国际惯例，无论合同中是否明确规定了不可抗力条款，任何一方当事人在遭受不可抗力事故后，都必须及时通知对方，而对方接到通知应予以答复，否则，将按遭遇不可抗力事故一方提出的条件办理。本案中，我方接到对方的通知后，一直未给对方答复，也未按对方所提的条件履行，属我方违约。因此，我方不可以对方违约在先为由，不予理赔。

8. 答：乙方不可向本国法院提请上诉。因为，仲裁授予仲裁机构对争议案件的管辖权，排除法院对该案件的管辖权，仲裁裁决的效力是终局的，对争议双方具有约束力。本案中乙方败诉，应按裁决的内容执行。

第八章
国际货物买卖合同的商订

一、练习题

（一）名词解释

1. 询盘　　2. 发盘　　3. 还盘　　4. 接受

（二）单项选择题

1. 根据《公约》的规定，交易磋商中不具有法律效力的是（　　）。
   A. 询盘　　B. 发盘
   C. 还盘　　D. 接受
2. 根据《公约》的规定，下列行为可能成为一项发盘的是（　　）。
   A. 发布一般的商业广告
   B. 寄送商品目录
   C. 寄送商品价目单
   D. 百货商场定期印发的促销宣传品
3. 根据《公约》的规定，下列条件不是构成发盘的必备条件的是（　　）。
   A. 发盘的内容必须十分确定
   B. 主要交易条件必须十分完整齐全
   C. 向一个或一个以上特定的人发出
   D. 表明发盘人承受约束的意旨
4. 根据《公约》的规定，下列发盘不能以“因不可抗力事件而失效”的是（　　）。
   A. 出口国突然宣布实行出口许可证管理而出口商无法取得出口许可证
   B. 发盘的货物为独一无二的字画或邮票，由于火灾而焚毁
   C. 出口国一直实行出口许可证管理而出口商称无法取得出口许可证
   D. 受盘人是政府宣布断交禁止贸易或禁止发盘货物进出口的所在国
5. 根据《公约》的规定，下列表述正确的是（　　）。
   A. 发盘于询盘时生效
   B. 发盘于邮寄时生效
   C. 发盘于送达受盘人时生效
   D. 发盘于受盘人接受时生效

6.《公约》规定，一项发盘在尚未送达受盘人之前，是可以阻止其生效的，这叫发盘的（　　）。

A. 撤回　　B. 撤销
C. 还盘　　D. 接受

7. “兹报飞鸽牌自行车 5 000 辆（规格详见 2 月 10 日订单），68 美元/辆 CIF 纽约，标准出口包装，6—7 月份装船，不可撤销信用证付款，限2 月 25 日复到我方有效。”这则传真属于（　　）。

A. 询盘　　B. 发盘
C. 还盘　　D. 接受

8. “你方 2 月 18 日电悉，若将价格降至 38 美元/台，我方可以接受。”这则传真属于（　　）。

A. 询盘　　B. 发盘
C. 还盘　　D. 接受

9. 对发盘表示有条件地接受，该接受属于无效接受，只能当成还盘的一种形式。下列不属于有条件接受的是（　　）。

A. “接受须以我方取得进口许可证为准”
B. “接受须以双方签订售货合同为准”
C. “接受须以我方与生产商签订供货合同为准”
D. “接受你方发盘，希望能提前 30 天交货”

10. 某出口公司于 5 月 5 日以电报对德商发盘，限 8 日复到有效。对方于 7 日以电报发出接受通知，由于电讯部门的延误，出口公司于 11 日才收到德商的接受通知，事后该出口公司亦未表态。此时，（　　）。

A. 除非发盘人及时提出异议；否则，该逾期接受仍具有接受效力，合同成立
B. 不管我方是否及时提出异议，合同未成立
C. 只有发盘人毫不延迟地表示接受，该通知才具有接受效力；否则，合同未成立
D. 由电讯部门承担责任

11. 某公司向欧洲某客户出口一批食品，该公司于 3 月 16 日发盘，限 3 月 20 日复到有效，3 月 18 日接对方来电称：“你方16 日电接受，希望在5 月装船。”我方未提出异议。于是这笔交易（　　）。

A. 达成
B. 须经该公司确认后才算达成
C. 属于还盘，未达成
D. 属于有条件的接受，未达成

12. 根据《公约》的规定，发盘和接受的生效采取（　　）。

A. 投邮生效原则
B. 签订书面合约原则
C. 口头协商原则
D. 到达生效原则

13. 英国某商人 3 月 15 日向国外某客商用口头发盘，若英商与国外客商无特别约定，根据《公约》的规定，国外客商（　　）。

A. 任何时间表示接受都可使合同成立

B. 应立即接受方可使合同成立

C. 当天表示接受即可使合同成立

D. 在两三天内表示接受可使合同成立

14. A 公司 5 月 18 日向 B 公司发盘，限 5 月 25 日复到有效。A 公司向 B 公司发盘的第二天，A 公司收到 B 公司 5 月 17 日发出的、内容与 A 公司发盘内容完全相同的交叉发盘，根据《公约》的规定，此时（　　）。

A. 合同即告成立

B. 合同无效

C. A 公司向 B 公司或 B 公司向 A 公司表示接受，当接受通知送达对方时，合同成立

D. 必须是 A 公司向 B 公司表示接受，当接受通知送达对方时，合同成立

15. 我方 6 月 10 日向国外某客商发盘，限 6 月 15 日复到有效，6 月 13 日接到对方复电称："你 10 日电接受，以获得进口许可证为准。" 该接受（　　）。

A. 相当于还盘

B. 在我方缄默的情况下，则视为有效接受

C. 属于有效接受

D. 属于一份非实质性改变发盘条件的接受

16. 我公司星期一对外发盘，限该周星期五复到有效，客户于星期二回电还盘并邀我电复。此时，国际市场价格上涨，故我方未予答复。客户又于星期三来电表示接受我星期一的发盘，根据《公约》的规定，该接受（　　）。

A. 有效

B. 无效

C. 如我方未提出异议，则合同成立

D. 属有条件的接受

17. 逾期接受是否有效，主要取决于（　　）的意思表示。

A. 发盘人　　B. 受盘人

C. 出口地银行　　D. 传递接受通知的人

18. 在发盘人发盘后的第三天，发盘人收到受盘人通过往来银行开来的即期不可撤销信用证，受盘人的做法属于（　　）。

A. 询盘　　B. 发盘

C. 还盘　　D. 接受

19. "你方 2 月 9 日电悉，所提出的各项条件接受，另在外包装左侧刷唛头。" 若发盘人没有及时地反对该差异，则该接受通知属于（　　）。

A. 询盘　　B. 发盘

C. 还盘　　D. 有效接受

20. 根据《中华人民共和国民法典》的规定，下列表述错误的是（　　）。

A. 承诺生效时合同成立，但是法律另有规定或者当事人另有约定的除外

B. 当事人采用合同书形式订立合同的，在双方当事人签字或盖章时合同成立

C. 应当由国家批准的合同，在获得批准时，合同方成立

D. 当事人订立合同，以电子数据交换、电子邮件方式表现的，都不能视为书面形式

（三）多项选择题

1. 交易磋商程序中必不可少的两个法律环节是（　　）。

A. 询盘　　B. 发盘

C. 还盘　　D. 接受

2. 根据《公约》的规定，构成发盘必须具备的条件是（　　）。

A. 向一个或一个以上特定的人发出

B. 发盘内容必须十分确定

C. 表明发盘人承受约束的意旨

D. 发盘必须规定有效期

3. 根据《公约》的规定，促使发盘终止的原因主要有（　　）。

A. 发盘的有效期届满

B. 发盘被发盘人依法撤回或撤销

C. 受盘人对发盘的拒绝或还盘

D. 发盘人发盘后发生了不可抗力事故或当事人丧失行为能力

4. 根据《公约》的规定，发盘有效期的起算时间，下列表述正确的是（　　）。

A. 发盘人在电报或信件内规定接受时间的，从电报交发时刻或信上载明的发信日期起算

B. 发盘人在信上未载明发信日期，则从信封上邮戳日期起算

C. 发盘人以电话、电传规定的接受时间，从发盘送达受盘人时起算

D. 发盘人以其他快速通讯方法规定的接受时间，从发盘送达受盘人时起算

5. 根据《公约》的规定，发盘的内容必须十分确定。所谓十分确定至少应包括（　　）。

A. 所有的合同条款

B. 明示或默示地规定货物的数量或规定数量的方法

C. 标明货物的名称

D. 明示或默示地规定货物的价格或规定价格的方法

6. 根据《公约》的规定，发盘中注明（　　），该发盘属于询盘性质。

A. 经我方最后确认为准

B. 内容可随时调整，恕不另行通知

C. 以上内容仅供参考

D. 商品紧俏，请在有效期内答复

7. 根据《公约》的规定，发盘在（　　）的情况下，不得撤销。

A. 在发盘中规定了商品的名称和数量

B. 在发盘中规定了有效期，或以其他方式表示该发盘是不可撤销

C. 受盘人有理由信赖该发盘是不可撤销的，并本着对该发盘的信赖采取了行动

D. 在发盘中规定了商品的名称和价格

8. 在国际货物销售的交易磋商阶段，当采用函电商订合同时，发盘人规定发盘有效期常用的方法有（　　）。

A. 限 2 月 10 日前复

B. 限 3 月 20 日发出接受通知

C. 发盘有效期为 5 天

D. 不迟于 6 月 9 日复到此地

9. 根据《公约》的规定，受盘人对（　　）等条件提出添加或更改，均视为实质性变更发盘的条件。

A. 货物的价格和付款

B. 货物的品质和数量

C. 交货时间与地点

D. 一方当事人对另一方当事人的赔偿责任范围或解决争端的办法

10. 根据《公约》的规定，构成一项接受必须具备的条件是（　　）。

A. 接受由特定的受盘人作出

B. 接受的内容必须与发盘相符

C. 必须在有效期内表示接受

D. 接受方式必须符合发盘的要求

11. 在日常的进出口业务交易磋商环节中，接受的形式有用（　　）表示。

A. 口头的形式　　B. 缄默

C. 书面的形式　　D. 行动

12. 我某公司 15 日向日商发盘，限 20 日复到有效。日商于 19 日用电报表示接受我方 15 日电，我方于 21 日中午才收到对方的接受通知。此时（　　）。

A. 合同已成立

B. 若我方毫不迟延表示接受，合同成立

C. 若我方于 21 日才收到接受通知是由于电讯部门的延误，则我方缄默，合同成立

D. 若我方于 21 日才收到接受通知是由于电讯部门的延误，则合同一定成立

13. 在国际贸易中，合同生效的时间主要有（　　）。

A. 接受送达发盘人时

B. 依约定签订正式书面合同时

C. 依国家法律或行政法规的规定，合同获得批准时

D. 口头合同被当即接受时

14. 在国际贸易中，合同成立的有效条件，除了当事人必须在自愿和真实的基础上达成协议外，还必须具备以下条件：（　　）。

A. 当事人必须具有签订合同的行为能力

B. 合同必须有对价和合法的约因

C. 合同的标的和内容必须合法

D. 合同的形式必须符合法律规定

15. 我国在核准《公约》时坚持，我国与国外当事人订立的国际货物买卖合同必须采用书面的形式，书面合同的意义主要有：（　　）。

A. 作为合同成立的证据

B. 作为合同生效的条件

C. 作为合同履行的依据

D. 作为合同无效的条件

（四）判断题

1. 邀请发盘对双方具有约束力。（　　）

2. 向广大公众发出的商业广告不具有发盘的性质，是因为接收广告信息的人不具有特定性。（　　）

3. 根据《公约》的规定，一项发盘，即使是不可撤销的，也可以撤回，只要撤回的通知在发盘送达受盘人之前或同时送达受盘人。（　　）

4. 根据《公约》的规定，如果发盘没有规定有效期，则受盘人可在任何时间内表示接受。（　　）

5. 根据《公约》的规定，一项发盘，在受盘人发出接受通知前可以撤销，但有两种例外情况。（　　）

6. 根据《公约》的规定，一项发盘，即使是不可撤销的，于拒绝通知送达发盘人时终止。（　　）

7. 根据《公约》的规定，还盘一经作出，原发盘即告失效。（　　）

8. 根据《公约》的规定，接受必须用声明或行动表示出来，沉默或不行动本身不等于接受。（　　）

9. 根据《公约》的规定，如果撤回通知于接受原应生效之前或同时送达发盘人，接受得予撤回。（　　）

10. 根据《公约》的规定，交易磋商的内容必须包括 11 种交易条件，在此基础上合同才能成立。（　　）

11. 在计算接受期间时，接受期间内的正式假日或非营业日应计算在内。如果接受通知在接受期间的最后一天未能送达发盘人地址，是因为那天是发盘人营业地的正式假日或非营业日，则该接受已构成逾期接受。（　　）

12. 根据《公约》的规定，在交易磋商中，双方当事人业已同意的任何惯例和他们之间确立的任何习惯做法，对双方当事人均有约束力。（　　）

13. 只要自然人或法人都有签订合同的行为能力，那么，他们签订的合同就是有效合同。（　　）

14. 合同是双方意愿达成一致的结果，合同中的条款只要征得双方同意，则该合同即是有效的合同。（　　）

15. 根据联合国国际贸易法委员会 1996 年通过的《电子商务示范法》的解释，通过以数据电文交换而订立的合同，符合法律上所要求的书面合同的性质 。（　　）

(五)案例分析题

1. 我 A 公司向法国 B 公司发盘，报一次性使用医用口罩 100 000 个，每个 1.85 港元，发盘有效期为 10 天。3 天后，B 公司复电称，对该批货物感兴趣，但要进一步考虑。2 天后，B 公司两次来电，要求将货物数量增至 200 000 个，价格降至每个 1.80 港元。3 天后我公司将这批一次性使用医用口罩卖给英国 C 公司，并在第 10 天复电 B 公司，通知货已售出。但 B 公司坚持要我方交货，否则以我方擅自撤约为由，要求赔偿。问：我方应否赔偿？为什么？

2. 我某公司与某外商洽谈一宗进口交易，经往来电传磋商，就合同的主要条件全部达成协议，但在最后一次我方所发的表示接受的传真中列有“以签订确认书为准”。事后对方拟就合同草稿，要我方确认，但由于对某些条款的措辞尚待进一步研究，故未及时给予答复。不久，该商品的国际市场价格下跌，外商催我方开立信用证，我方以合同尚未有效成立为由拒绝开证。问：我方的做法是否有理？为什么？

3. 我某技术贸易公司就某项技术贸易的进口事宜与国外某客户洽谈，经过双方多次的函电往来，最终交易得以达成，但未订立正式的书面合同。双方的函电往来表明，对方应于 2018 年 12 月前向我方提供一项技术贸易的出口，而时至 2019 年 1 月，对方仍未向我方提供该项技术贸易。我方曾多次要求对方履行合约，对方却以未订立正式书面合同为由否认合约已达成。问：(1) 双方的交易是否已达成？为什么？(2) 就此案例，我方应如何处理？

4. 我某进出口公司向国外某商人询购某商品，不久，我方收到对方 8 月 15 日的发盘，发盘有效期至 8 月 22 日。我方于 8 月 20 日向对方复电：“若价格能降至 56 美元/件，我方可以接受。”对方未作答复。8 月 21 日我方得知国际市场行情有变，于当日又向对方去电表示完全接受对方 8 月 15 的发盘。问：我方的接受能否使合同成立？为什么？

5. 某进出口公司欲进口包装机一批，对方发盘的内容为：“兹可供普通包装机 200 台，每台 500 美元 CIF 青岛，6—7 月份装运，限本月 21 日复到我方有效。”我方收到对方发盘后，在发盘规定的有效期内复电：“你方发盘接受，请内用泡沫，外加木条包装。”问：我方的接受是否可使合同成立？为什么？

6. 买卖双方订有长期贸易协议，协议规定：“卖方必须在收到买方订单后 15 天内答复，若未答复则视为已接受订单。”11 月 1 日卖方收到买方订购 2 000 件服装的订单，但直到 12 月 25 日卖方才通知买方不能供应 2 000 件服装，买方认为合同已经成立，要求供货。问：双方的合同是否成立？为什么？

7. 我某进出口公司向国外某客商询售某商品，不久我方接到外商发盘，有效期至 7 月 22 日。我方于 7 月 24 日用电传表示接受对方发盘，对方一直没有音信。因该商品供求关系发生变化，市价上涨，8 月 26 日对方突然来电要求我方必须在 8 月 28 日前将货发出，否则，我方将要承担违约的法律责任。问：我方是否应该发货？为什么？

8. 香港某中间商 A，就某商品以电传方式邀请我方发盘，我方于 6 月 8 日向 A 方发盘并限 6 月 15 日复到有效。12 日我方收到美国 B 商人按我方发盘规定的各项交易条件开来的信用证，同时收到中间商 A 的来电称："你 8 日发盘已转美国 B 商。" 经查该商品的国际市场价格猛涨，于是我方将信用证退回开证银行，再按新价直接向美商 B 发盘，而美商 B 以信用证于发盘有效期内到达为由，拒绝接受新价，并要求我方按原价发货，否则将追究我方的责任。问：对方的要求是否合理？为什么？

（六）操作题

1. 卖方 SINOCHEM GUANGDONG IMPORT AND EXPORT CORPORATION，58，ZHAN QIAN ROAD，GUANGZHOU，CHINA 与买方 METCH THAI ELECTRICAL APPLIANCES COMPANY，45－7 MAITRICHITR RD.，BANGKOK，THAILAND 经过多次洽商，于 2019 年 4 月 22 日达成一笔交易，内容主要有：空调机（AIR CONDITIONER KFR25－GW）每台 380.00 美元 CIF BANGKOK，即期不可撤销保兑信用证付款，数量为 200 台，允许有 5% 的溢短装，纸箱装，信用证须于 5 月 15 日开到中国，证开到后 30 天出运，不允许分批装运，投保水渍险。根据上面内容，卖方已草拟好下面的售货合同，请审核并修改合同。

售 货 合 同
SALES CONTRACT

卖方：

Sellers: SINOCHEM GUANGDONG IMPORT AND EXPORT CORPORATION

Contract No.: 2019SGQ468001

Date: APR. 2, 2019

Signed at: GUANGZHOU

地址：

Address: 58, ZHAN QIAN ROAD, GUANGZHOU, CHINA

Telex: 0835

Fax: 83556688

Telex: ______

Buyers: METCH THAI ELECTRICAL APPLIANCES COMPANY

Fax: ______

Address: 45－7 MAITRICHITR RD., BANGKOK, THAILAND

This Sales Contract is made by and between the Sellers and the Buyers, whereby the sellers agree to sell and the Buyers agree to buy the under-mentioned goods according to the terms and conditions stipulated below:

（1）货号，品名及规格 Name of Commodity and Specifications	（2）数量 Quantity	（3）单位 Unit	（4）单价 Unit Price	（5）金额 Amount
AIR CONDITIONER KFR25-GW % more or less both in amount and quantity allowed	200	PC	USD380.00	USD76 000.00
	Total Amount			USD76 000.00

（6）Packing: CARTON

（7）Delivery From GUANGZHOU to BANGKOK

（8）Shipping Marks: N/M

（9）Time of Shipment: Within 30 days after receipt of L/C allowing transhipment and partial shipment.

（10）Terms of Payment: By 100% irrevocable Letter of Credit in favor of the Sellers to be available by sight draft to be opened and to reach China before MAY 15, 2019 and to remained valid for negotiation in China until the 15th days after the foresaid Time of Shipment.

L/C must mention this contract number. L/C advised by BANK OF CHINA, GUANGZHOU BRANCH. TLX: 444U4K GZBC CN. ALL banking Charges outside China (the mainland of China) are for account of the Drawee.

（11）Insurance: To be effected by Sellers for 110% of full invoice value covering FPA up to BANGKOK. To be effected by the buyers.

（12）Arbitration: All dispute arising from the execution of or in connection with this contract shall be settled amicably the friendly negotiation. In case of settlement can be reached through negotiation the case shall then be submit China International Economic & Trade Arbitration Commission. In Shenzhen (or in Beijing) for arbitration in act with its sure of procedures. The arbitral award is final and binding upon both parties for setting the Disputes. The fee, for arbitration shall be borne by the losing party unless otherwise awarded.

The Seller 张三　　　　The Buyer ______

2. 芬兰 A. B. C. 公司和广东轻工家电公司通过函电往来，达成一笔交易。请根据下面的信函拟订一份售货合同：

函 1.

芬兰 A. B. C. 公司业务员 JOHN HENDRY 在秋交会上获知广东轻工家电公司经营 HALOGEN FITTING，遂于 2018 年 4 月 2 日发来询盘如下：

敬启者：

在 2017 年秋交会上，获悉贵公司生产 HALOGEN FITTING，我方对 W500 产品感兴趣，请报 8 000PCS CIF HELSINKI。

盼早复。

敬上

2018 年 4 月 2 日

函 2.

广东轻工家电公司接芬兰 A. B. C. 公司的信后，业务员张明即于 4 月 4 日发盘并建议增加订货数量以便凑成一整集装箱货柜：

敬启者：

很高兴收到你方 4 月 2 日询价，我公司经营的 HALOGEN FITTING 在欧洲深受欢迎。建议你方将产品数量增加到 9 600 件，以便我们装成 40" ×1 整柜。现报价如下：

（1）商品：HALOGEN FITTING

（2）包装：箱包装，每箱 12 件

（3）数量：9 600 件

（4）型号：W500

（5）价格：每件 4. 00 美元 CIF HELSINKI

（6）支付方式：不可撤销即期信用证，作成以我方为受益人

（7）装运：收到信用证后 3 ~4 周内装运

盼早来首次订单。

敬上

2018 年 4 月 4 日

函 3.

芬兰 A. B. C. 公司业务员 JOHN HENDRY 接信后，认为价格太高，于 4 月 8 日来信说明该公司的经营优势，要求广东轻工家电公司降低价格：

敬启者：

你方 4 月 4 日信已收到，谢谢。你方要求将数量增加到 9 600PCS 我方没有异议。

但价格偏高，我方难以接受，请你方报最优惠价。

盼早复。

敬上

2018 年 4 月 8 日

函 4.

广东轻工家电公司业务员张明接对方信后，经研究同意降低价格，以便打开芬兰的市场，于是 4 月 12 日去信芬兰 A. B. C. 公司：

敬启者：

你方 4 月 8 日信收悉，谢谢。

我方在欧洲销售该产品的价格均不低于于 USD4. 00/ PC，但考虑到贵公司首次与我方合作，并对我方产品有信心，我方愿降低价格，现报价如下：

（1）商品：HALOGEN FITTING

（2）包装：箱包装，每箱 12 件

（3）数量：9 600 件

（4）型号：W500

（5）价格：每件 3. 80 美元 CIF HELSINKI

同时，我方要求以不可撤销即期信用证支付，若你方能在本月底前下订单并开立信用证，我方可保证在 5 月交货。

请贵方尽快答复。

敬上

2018 年 4 月 12 日

函 5.

芬兰 A. B. C. 公司接广东轻工家电公司的降价信函后，即于 4 月 15 日来信表示接受：

敬启者：

我方接受你方 4 月 12 日的发盘。由于我方急需此货，望你方按报盘许诺的 2018 年 5 月装运，不允许分批装运。装船通知必须在装船后两天内寄给开证申请人，告知毛重和净重、船名、提单号码、提单日期及合同号码。请你方准备好合同并寄我方签署。一旦签订合同，我方即申请开证。

希望很快收到合同。

敬上

2018 年 4 月 15 日

售　货　合　同
SALES CONTRACT

卖方：

Sellers：______________________　　Contract No.：______________________

Date：______________________

地址：　　Signed at：______________________

Address：______________________　　Telex：______________________

Fax：______________________

Buyers：　　Telex：______________________

Address：______________________　　Fax：______________________

This Sales Contract is made by and between the Sellers and the Buyers, whereby the sellers agree to sell and the Buyers agree to buy the under-mentioned goods according to the terms and conditions stipulated below：

(1) 货号，品名及规格 Name of Commodity and Specifications	(2) 数量 Quantity	(3) 单位 Unit	(4) 单价 Unit Price	(5) 金额 Amount
% more or less both in amount and quantity allowed				
	Total Amount			

(6) Packing：______________

(7) Delivery From ______________ to ______________

(8) Shipping Marks：______________

(9) Time of Shipment：Within ______________ days after receipt of L/C allowing transhipment and partial shipment.

(10) Terms of Payment：By 100% Confirmed irrevocable Letter of Credit in favor of the Sellers to be available by sight draft to be opened and to reach China before ______________ and to remained valid for negotiation in China until the 15th days after the foresaid Time of Shipment.

L/C must mention this contract number. L/C advised by BANK OF CHINA, GUANGZHOU BRANCH.

TLX：444U4K GZBC CN. ALL banking Charges outside China (the mainland of China) are for account of the Drawee.

(11) Insurance：To be effected by Sellers for 110% of full invoice value covering ______________ up to ______________.

To be effected by the buyers.

(12) Arbitration：All dispute arising from the execution of or in connection with this contract shall be settled amicably the friendly negotiation. In case of settlement can be reached through negotiation the case shall then be submit China International Economic & Trade

Arbitration Commission. In Shenzhen (or in Beijing) for arbitration in act with its sure of procedures. The arbitral award is final and binding upon both parties for setting the Disputes. The fee, for arbitration shall be borne by the losing party unless otherwise awarded.

The Seller ______________　　The Buyer ______________

3. 买方向卖方发出如下电文：

OCT. 15, 2019

Dear sirs:

Thanks for your Acceptance of OCT. 12, 2019 and hereby we are pleased to send you our sales confirmation No. GD – 2019 – 7885 for your signing, please.

100% cotton place mat	5 000pcs	GBP0. 40/pc	CIF COLOMBO
100% cotton table cloth	1 000pcs	GBP1. 80/pc	CIF COLOMBO
100% cotton apron	4 000pcs	GBP0. 60/pc	CIF COLOMBO

Packing: 10pcs in a carton

We hope that the goods will be shipped not later than DEC. 30, 2019 and we ensure L/C will reach you before NOV. 15, 2019.

Yours Faithfully

请根据提供的资料，以卖方的身份填写一份销货确认书。

卖方：GUANGDONG TEXTILES IMP. & EXP. GRANDTON TRADING CO. , LTD.

地址：7/F, GUANGDONG TEXTILES MANSION, 168, XIAOBEI ROAD, GUANGZHOU, CHINA

买方：A. B. C. TRADING

地址：NO. 180 MOSQUE ROAD, GORAKANA, SRI LANKA

卖方

号码：
No. ________________
日期：
Date：________________
签约地点：
Signed at：________________
电报挂号：
Cable：________________
TELEX：________________
FAX：________________

销货确认书
SALES CONFIRMATION

买方
Buyers：------------------------------------
地 址
Address：------------------------------------

电报挂号：
Cable Address：--------------------
TELEX：--------------------
FAX：--------------------

兹经买卖双方同意按下列条款成交：

The undersigned Sellers and Buyers have agreed to close the following transactions according to the terms and conditions stipulated below：

1.

货号 Art. No.	品名及规格 Description	数量 Quantity	单价 Unit Price	金额 Amount

数量及总值均得有_____%的增减，由卖方决定。

With _____% more or less both in amount and quantity allowed at the Sellers' option.

2. 总值

Total Value：

3. 包装

packing：

4. 装运期

Time of Shipment：

5. 装运口岸和目的地

Loading port & Destination：

6. 保险由卖方按发票全部金额110%投保至--------------------为止的----------------险。

Insurance：To be effected by Sellers for 110% of full invoice value covering -------- up to -------- only.

7. 付款条件：买方须于　　年　月　日前将不可撤销的，即期信用证开到卖方，信用证，议付有效期延至上列装运期后15天在中国到期，该信用证中必须注明允许分运及转运。

Terms of payment：

By Irrevocable, and Divisible Letter of Credit to be available by sight draft to reach the Sellers before -------- and to remain valid for negotiation in China until the 15th day after the aforesaid Time of Shipment. The L/C must specify that transhipment and partial shipments are allowed.

8. 装船标记

Shipping Mark：

9. 开立信用证时请注明我成交确认书号码。

When opening L/C, Please mention our S/C number.

10. 备注

Remarks：

卖方
THE SELLERS

买方
THE BUYERS

希将本确认书一份签署后寄回本公司

Please sign and one copy of this sales confirmation to us at your earliest convenience.

二、参考答案

（一）名词解释

1. 询盘又称询价或邀请发盘，是指交易的一方打算购买或出售某种商品，向对方询问买卖该种商品的有关交易条件，或者就该项交易提出带有保留条件的建议。

2. 发盘是指交易的一方（发盘人）向另一方（受盘人）提出购买或出售某种商品的各项交易条件，并表示愿意按这些交易条件与对方达成交易订立合同的行为。

3. 还盘又称还价，在法律上称为反要约，是指受盘人不同意或不完全同意发盘人在发盘中提出的条件，为进一步协商，对发盘提出修改意见。

4. 接受在法律上称为承诺，是指受盘人接到对方的发盘或还盘后，同意对方提出的条件，愿意与对方达成交易，并及时以声明或行动表示出来。

（二）单项选择题

1. A。理由：询盘的主要目的是寻找买主或卖主，不是同买主或卖主正式洽商交易条件。根据《公约》的规定，询盘不具有法律效力。

2. D。理由：根据《公约》的规定，发盘必须向一个或一个以上特定的人提出。一般的商业广告、商品目录、商品价目单等不是对特定人提出，故不是一项发盘，可看成一项发盘的邀请。特定条件下的商业广告，如果广告的内容十分确定具体，也可能成为一项发盘，如百货商场定期印发的促销宣传品。

3. B。理由：根据《公约》第 14 条第（1）款的规定："向一个或一个以上特定的人提出的订立合同的建议，如果十分确定并且表明发盘人在得到接受时承受约束的意旨，即构成发盘。一个建议如果写明货物并且明示或默示地规定数量和价格或规定如何确定数量和价格，即为十分确定。"由此可得出，构成发盘的必备条件是：①发盘的内容必须十分确定；②向一个或一个以上特定的人发出；③表明发盘人承受约束的意旨。而发盘的主要交易条件并不一定要十分完整齐全。

4. C。理由：当发生人力不可抗拒的社会事件或自然灾害时，如受盘人是政府宣布断交禁止贸易或禁止发盘货物进出口的所在国；又如发盘的货物为独一无二的字画或邮票，由于火灾而焚毁；又如出口国突然宣布实行出口许可证管理而出口商无法取得出口许可证等情况，发盘将因不可抗力事件而失效。但出口国一直实行出口许可证管理而出口商无出口许可证的不属于不可抗力事件。

5. C。理由：根据《公约》的规定，发盘于送达受盘人时生效。

6. A。理由：《公约》第 15 条第（2）款规定："一项发盘，即使是不可撤销的，如果撤回通知于发盘送达被发盘人之前或同时，送达被发盘人，得予撤回。"

7. B。理由：发盘的构成条件有三个：①发盘的内容必须十分确定；②向一个或一个以上特定的人发出；③表明发盘人承受约束的意旨。根据《公约》的解释，一项发盘中包含着数量、价格和商品名称即为十分确定。本案中三个条件都具备，即构成发盘。

8. C。理由：本题中受盘人提出将价格降至 38 美元/台，即对价格提出了修改，属于实质性变更发盘的条件，构成还盘。

9. D。理由：A、B、C 选项在接受发盘的同时，提出其他的附加条件，属于无效接受。D 选项对发盘表示接受的同时，表示某种希望，则该接受可视为一项有效的接受。

10. A。理由：在国际贸易中，由于各种原因，受盘人的接受通知有时晚于发盘人规定的有效期送达，这在法律上称为“迟到的接受”。对于这种迟到的接受，发盘人不受其约束，不具有法律约束力。但是也有例外情况，《公约》第 21 条第（2）款规定：“如果载有逾期接受的信件或其他书面文件表明，它是在传递正常、能及时送达发盘人的情况下寄发的，则该项逾期接受具有接受的效力，除非发盘人毫不迟延地口头或书面通知被发盘人：他认为他的发价已经失效。”本案中，出口公司于 11 日才收到德商的接受通知，事后我方出口公司亦未及时提出异议，该逾期接受仍具有接受效力，合同成立。

11. A。理由：在实际业务中，受盘人在表示接受的同时，提出某种希望和建议，这种希望和建议不构成实质性修改发盘的条件，应看作一项有效接受，而不是还盘。本案中，交易达成，合同有效成立。

12. D。理由：《公约》第 15 条规定：“发盘于送达被发盘人时生效”；《公约》第 18 条规定：“接受发盘于表示同意的通知送达发盘人时生效。”据此，发盘和接受的生效采取到达生效原则。

13. B。理由：《公约》第 18 条第（2）款规定：“对口头发盘必须立即接受，但情况有别者不在此限。”

14. C。理由：《公约》第 23 条规定：“合同于按照本公约规定对发盘的接受生效时订立。”可见发价和接受是每笔交易必不可少的两个基本环节或法律步骤。只有发盘环节或只有接受环节都不能使合同成立。因此，本案中当 A 公司向 B 公司或 B 公司向 A 公司表示接受，且接受通知送达对方时，合同成立。

15. A。理由：《公约》第 19 条第（1）款规定：“对发盘表示接受但载有添加、限制或其他更改的答复，即为拒绝该项发盘，并构成还盘。”《公约》第 19 条第（2）款规定：“对发盘表示接受但载有添加或不同条件的答复，如所载的添加或不同条件在实质上并不变更该项发盘的条件，除发盘人在不过分迟延的期间以口头或书面通知反对其间的差异外，仍构成接受。如果发盘人不做出这种反对，合同的条件就以该项发盘的条件以及接受通知内所载的更改为准。”《公约》第 19 条第（3）款规定：“有关货物价格、付款、货物质量和数量、交货地点和时间、一方当事人对另一方当事人的赔偿责任范围或解决争端等的添加或不同条件，均视为在实质上变更发盘的条件。”我方于 6 月 13 日接到对方复电称“你 10 日电接受，以获得进口许可证为准”，进口许可证是国家主管机关所发准许货物进口的凭证。海关凭进口货物许可证查验放行。没有申领到进口许可证，货物将无法进关。因此，该接受实质性变更了发盘的内容，其相当于还盘性质。

16. B。理由：还盘是指受盘人不同意或不完全同意发盘人在发盘中提出的条件，为了进一步协商，对发盘提出修改意见。还盘是对发盘的拒绝，还盘一经作出，原发盘即失去效力，发盘人不再受其约束，一项还盘等于受盘人向原发盘人提出的一项新发盘。客户于星期二的回电还盘已使我公司星期一的对外发盘失效，我方不再受原发盘内容的约束。

17. A。理由：逾期接受是指如果接受通知超过发盘规定的有效期，或发盘未具体规定有效期限而超过合理时间才传达到发盘人。逾期接受不具有接受的效力，因此，逾期是否有效，还要看发盘人的意见。

18. D。理由：接受可以用声明或行动来表示。本案中受盘人以开立的即期不可撤销信用证这种行为来表示接受。

19. D。理由：对包装条件的添加或更改属于非实质性变更发盘的条件。若发盘人没有及时地反对该差异，则该接受通知当属有效。

20. D。理由：根据《中华人民共和国民法典》第 469 条的规定，以电子数据交换、电子邮件等方式能够有形地表现所载内容，并可以随时调到查用的数据电文，视为书面形式。

（三）多项选择题

1. BD。理由：根据《公约》的规定，交易磋商程序中必不可少的两个法律环节是发盘和接受。

2. ABC。理由：根据《公约》第 14 条第（1）款的规定："向一个或一个以上特定的人提出的订立合同的建议，如果十分确定并且表明发盘人在得到接受时承受约束的意旨，即构成发盘。一个建议如果写明货物并且明示或暗示地规定数量和价格或规定如何确定数量和价格，即为十分确定。"由此可得出，构成发盘的必备条件是：①发盘的内容必须十分确定；②向一个或一个以上特定的人发出；③表明发盘人承受约束的意旨。

3. ABCD。理由：促使发盘终止的原因主要有：①发盘的有效期届满；②发盘被发盘人依法撤回或撤销；③受盘人对发盘的拒绝或还盘；④发盘人发盘后发生了不可抗力事故或当事人丧失行为能力。

4. ABCD。理由：《公约》第 20 条第（1）款规定：发盘人在电报或信件内规定接受时间的，从电报交发时刻或信上载明的发信日期起算，如信上未载明发信日期，则从信封上邮戳日期起算。发盘人以电话、电传或其他快速通信方法规定的接受时间，从发盘送达受盘人时起算。

5. BCD。根据《公约》第 14 条第（1）款的规定，发盘的内容如果写明货物名称并明示或默示地规定货物的数量和价格或规定如何确定数量和价格，即为十分确定。

6. ABC。理由：根据《公约》的规定，发盘中注明：①经我方最后确认为准；②内容可随时调整，恕不另行通知；③以上内容仅供参考。这些都表明发盘不受发盘内容的约束，不满足发盘的构成条件，因此只能视为询盘。

7. BC。理由：根据《公约》第 16 条第（2）款的规定：①发盘中写明了发盘的有效期或用其他方式表明发盘是不可撤销的；②受盘人有理由信赖该发盘是不可撤销的，而且受盘人本着对该发盘的信赖行事。

8. ACD。理由：这些规定方法明确具体，易于掌握，选项 B 的规定太过死板，不符合常理。

9. ABCD。理由：根据《公约》第 19 条第（3）款的规定："有关货物价格、付款、货物质量和数量、交货地点和时间、一方当事人对另一方当事人的赔偿责任范围或解决争端等的添加或不同条件，均视为在实质上变更了发盘的条件。"

10. ABCD。理由：《公约》第 18 条第（1）款对接受作了如下定义："被发盘人声明或做出其他行为表示同意一项发盘，即是接受，缄默或不行动本身不等于接受。"根据这个定义以及《公约》第 18 条第（2）、（3）款和第 19 条的规定，构成一项法律上有效的接受，必须具备以下四个条件：①接受由特定的受盘人做出；②接受的内容必须与发盘相符；③必须在有效期内表示接受；④接受方式必须符合发盘的要求。

11. ACD。理由：在实际的进出口业务中，接受的形式有用声明（包括口头或书面的形式）表示和用行动表示两种。

12. BC。理由：在国际贸易中，由于各种原因，受盘人的接受通知有时晚于发盘人规定的有效期送达，这在法律上称为“迟到的接受”。对于这种迟到的接受，发盘人不受其约束，不具有法律约束力。但是也有例外情况，《公约》第 21 条第（1）款规定：“逾期接受仍有接受的效力，如果发盘人毫不迟延地用口头或书面将此种意见通知被发盘人。”

13. ABCD。理由：在国际贸易中，合同生效的时间主要有：①接受送达发盘人时；②依约定签订正式书面合同时；③依国家法律或行政法规的规定，合同获得批准时；④口头合同被当即接受时。

14. ABCD。理由：在国际贸易中，合同成立的有效条件是：①当事人必须在自愿和真实的基础上达成协议；②当事人必须具有签订合同的行为能力；③合同必须有对价和合法的约因；④合同的标的和内容必须合法；⑤合同的形式必须符合法律规定的要求。

15. ABC。理由：我国在核准《公约》时坚持，我国与国外当事人订立的国际货物买卖合同必须采用书面的形式，书面形式包括电报和电传。书面合同的意义有：①作为合同成立的证据；②作为合同生效的条件；③作为合同履行的依据。

（四）判断题

1. 错误。理由：邀请发盘是指交易的一方打算购买或出售某种商品，向对方询问买卖该项商品的有关交易条件，或者就该项交易提出带有保留条件的建议。邀请发盘的不确定性，使其对双方不具有约束力。

2. 正确。理由：根据《公约》第 14 条第（1）款的规定，构成发盘的必备条件之一是：向一个或一个以上特定的人发出。向广大公众发出的商业广告因接收广告信息的人不具有特定性，因此，不属于发盘。

3. 正确。理由：《公约》第 15 条第（2）款规定：“一项发盘，即使是不可撤销的，得予撤回，如果撤回通知于发盘送达被发盘人之前或同时，送达被发盘人。”

4. 错误。理由：根据《公约》第 18 条第（2）款规定：“接受发盘于表示同意的通知送达发盘人时生效。如果表示同意的通知在发盘人所规定的时间内，如未规定时间，在一段合理的时间内，未曾送达发盘人，接受就成为无效。但须适当考虑到交易的情况，包括发盘人所使用的通信方法的迅速程度。”

5. 正确。理由：《公约》第 16 条规定：（1）在未订立合同之前，发盘可以撤销的通知于受盘人发出接受通知之前送达发盘人。（2）但在下列情况下，发盘不得撤销：a. 发盘中写明了发盘的有效期或以其他方式表明发盘是不可撤销的；b. 受盘人有理由信赖该发盘是不可撤销的，而且受盘人已本着对该发盘的信赖行事。以上表明，发盘在一定条件下是可以撤销的，而在上述两种情况下，发盘是不可以撤销的。

6. 正确。理由：根据《公约》第 17 条的规定：“一项发盘，即使是不可撤销的，于拒绝通知送达发盘人时终止。”

7. 正确。理由：还盘是指受盘人不同意或不完全同意发盘人在发盘中提出的条件，为了进一步协商，对发盘提出修改意见。还盘是对发盘的拒绝，还盘一经作出，原发盘即失去效力，发盘人不再受其约束，一项还盘等于受盘人向原发盘人提出的一项新发盘。

8. 正确。理由：《公约》第 18 条第（1）款对接受作了如下定义：“被发盘人声明或做出其他行为表示同意一项发盘，即是接受，缄默或不行动本身不等于接受。”

9. 正确。理由：根据《公约》第 22 条的规定：如果撤回通知于接受原应生效之前或同时送达发盘人，接受得予撤回。

10. 错误。理由：根据《公约》第 14 条第（1）款的规定：“向一个或一个以上特定的人提出订立合同的建议，如果十分确定并且表明发盘人在得到接受时承受约束的意旨，即构成发盘。一个建议如果写明货物并且明示或暗示地规定数量和价格或规定如何确定数量和价格，即为十分确定。”

11. 错误。理由：根据《公约》第 20 条的规定：“在计算接受期间时，接受期间内的正式假日或非营业日应计算在内。但是，如果接受通知在接受期间的最后一天未能送达发盘人地址，因为那天在发盘人营业地的正式假日或非营业日，则接受期间应顺延至下一个营业日。”

12. 正确。理由：根据《公约》第 9 条第（1）款的规定：“双方当事人业已同意的任何惯例和他们之间确立的任何习惯做法，对双方当事人均有约束力。”

13. 错误。理由：在国际贸易中，合同成立的有效条件是：①当事人必须在自愿和真实的基础上达成协议；②当事人必须具有签订合同的行为能力；③合同必须有对价和合法的约因；④合同的标的和内容必须合法；⑤合同的形式必须符合法律规定。

14. 错误。理由：在国际贸易中，除合同当事人的意思表示必须真实外，还要满足合同成立有效的其他条件。如合同当事人具有订立合同的行为能力、合同的标的和内容必须合法、合同的形式必须符合法律规定的要求等。

15. 正确。理由：根据联合国国际贸易法委员会 1996 年通过的《电子商务示范法》的解释，通过以数据电文交换而订立的合同，符合法律上所要求的书面合同的性质 。

（五）案例分析题

1. 答：我方不应赔偿。因为本案中，B 公司两次来电，要求将货物数量增至 200 000 个，价格降至每个 1. 80 港元，已构成了还盘。还盘一经作出，原发盘即告失效，合同没有成立。既然合同没有成立，也就不涉及擅自撤约的问题。所以，我方不应赔偿。

2. 答：我方拒绝开证有理。因为我方最后所发传真中列有“以签订确认书为准”；事后外商提交书面合同草稿，我方尚未答复，再次说明合同成立的条件并不具备。合同既未成立，外商催我方开证，我方理应拒绝。

3. 答：①双方的交易已经达成。因为，我国在核准《公约》时坚持，我国与国外当事人订立的国际货物买卖合同必须采用书面的形式。根据《中华人民共和国民法典》第 469 条的规定，书面形式包括合同书、信件、电报和电传。此案中，我某技术贸易公司与国外某客户之间的交易是经过双方多次的函电往来达成的，尽管双方未签订正式的书面合同，但双方函电往来表现所载的内容应视为书面形式，所以，双方的交易已经达成。②就此案例，我方应责成对方履行合同，按双方约定尽快向我方提供技术贸易的出口；另外，我方仍保留索赔的权利。

4. 答：我方的接受不能使合同成立。因为我方在8月20日曾向对方复电："若价格能降至56美元/件，我方可以接受。"该复电已构成了还盘。该还盘一经作出，原发盘即告失效。所以，当我方8月21日得知国际市场行情有变，向对方表示的接受已不具有效力。因此，我方的接受不能使合同成立。

5. 答：我方的接受可使合同成立。根据《公约》的规定，受盘人对货物的价格、付款、货物质量和数量、交货地点和时间、一方当事人对另一方当事人的赔偿责任范围或解决争端等的添加或不同条件，均视为在实质上变更发盘的条件。受盘人在接受中的添加或更改，如果在实质上变更了发盘条件，就构成了对原发盘的拒绝，其法律后果是否定了原发盘，原发盘即告失效，原发盘人就不再受其约束。而本案中，我方在接受通知中，表示对包装条件的添加，并不构成实质性变更发盘条件，除非发盘人在合理的时间内及时地表示不同意受盘人的添加；否则，该接受仍具有效力。因此，我方的接受可使合同成立。

6. 答：双方的合同已经成立。因为，在国际货物买卖中，买卖双方之间订立的长期贸易协议对双方具有约束力。本案中，双方订立的长期协议规定："卖方必须在收到买方订单后15天内答复，若未答复则视为已接受订单。"而卖方于11月1日收到买方订购2 000件服装的订单，但直到12月25日卖方才通知买方不能供应2 000件服装，其答复已超过了双方长期协议中规定的收到订单后15天，其行为可视作已接受了订单。所以，双方的合同已经成立。

7. 答：我方不应发货。因为我方7月24日用电传表示的接受，已超过了发盘规定的有效期，不具有接受的效力，仅相当于一项新的发盘，买卖双方之间无合同关系。所以，我方不应发货。因该商品的市场行情上涨，我方应寻找出价较高的买方将货物销售出去。

8. 答：对方的要求不合理。根据《公约》的规定，构成一项接受应具备的条件是：①接受由特定的受盘人作出；②接受的内容必须与发盘相符；③必须在有效期内表示接受；④接受方式必须符合发盘的要求。本案中，我方发盘中特定的受盘人是香港某中间商A，其发出的接受通知才具有接受的效力。12日我方收到美国B商人开来的信用证可视作一项发盘，该发盘必须得到我方的接受，合同才成立。在合同未成立的情况下，B方就要求我方发货是不合理的。

（六）操作题

1. 售货合同存在如下主要问题：①合同缺贸易术语，应增加CIF BANGKOK；②合同缺允许5%溢短装条款的内容；③合同对信用证要求缺保兑字样，应增加Confirmed；④合同允许分批装运，与交易达成的条件矛盾，应删去"partial shipment"；⑤合同中的险别有错，应该将平安险"FPA"改为"WA"。

售　货　合　同
SALES CONTRACT

卖方：
Sellers： SINOCHEM GUANGDONG IMPORT AND EXPORT CORPORATION

Contract No. ： 2019SGQ468001
Date： APR. 2, 2019

地址：
Signed at： GUANGZHOU
Address： 58, ZHAN QIAN ROAD, GUANGZHOU, CHINA
Telex： 0835
Fax： 83556688
Buyers： METCH THAI ELECTRICAL APPLIANCES COMPANY
Telex：
Address： 45 – 7 MAITRICHITR RD. , BANGKOK, THAILAND
Fax：

This Sales Contract is made by and between the Sellers and the Buyers, whereby the sellers agree to sell and the Buyers agree to buy the under-mentioned goods according to the terms and conditions stipulated below：

（1）货号，品名及规格 Name of Commodity and Specifications	（2）数量 Quantity	（3）单位 Unit	（4）单价 Unit Price	（5）金额 Amount
AIR CONDITIONER KFR25-GW 5% more or less both in amount and quantity allowed	200	PC	CIF BANGKOK USD380. 00	USD76 000. 00
	Total Amount			USD76 000. 00

（6） Packing： CARTON
（7） Delivery From GUANGZHOU to BANGKOK
（8） Shipping Marks： N/M
（9） Time of Shipment： Within 30 days after receipt of L/C allowing transhipment.
（10） Terms of Payment： By 100% Confirmed irrevocable Letter of Credit in favor of the Sellers to be available by sight draft to be opened and to reach China before MAY 15, 2019 and to remain valid for negotiation in China until the 15th days after the foresaid Time of Shipment.
L/C must mention this contract number. L/C advised by BANK OF CHINA, GUANGZHOU BRANCH.
TLX： 444U4K GZBC CN. ALL banking Charges outside China （the mainland of China） are for account of the Drawee.
（11） Insurance： To be effected by Sellers for 110% of full invoice value covering WA up to BANGKOK . To be effected by the buyers.
（12） Arbitration： All dispute arising from the execution of or in connection with this contract shall be settled amicably the friendly negotiation. In case of settlement can be reached through negotiation the case shall then be submit China International Economic & Trade Arbitration Commission. In Shenzhen （or in Beijing） for arbitration in act with its sure of procedures. The arbitral award is final and binding upon both parties for setting the Disputes. The fee, for arbitration shall be borne by the losing party unless otherwise awarded.

The Seller 张三　　　　The Buyer ______________

2.

售 货 合 同
SALES CONTRACT

卖方：
Sellers： GUANGDONG LIGHT ELECTRICAL APPLIANCES CO. , LTD.

地址：
Address：52，DEZHENG ROAD SOUTH，GUANGZHOU，CHINA

Contract No： 2018SGQ468001
Date： APR. 22，2018
Signed at： GUANGZHOU
Telex： 0835
Fax： 83556688

Buyers： A. B. C. CORP.
Address： AKEDSANTERINK AUTO P. O. BOX. 9，FINLAND

Telex：
Fax：

This Sales Contract is made by and between the Sellers and the Buyers，whereby the sellers agree to sell and the Buyers agree to buy the under-mentioned goods according to the terms and conditions stipulated below：

（1）货号，品名及规格 Name of Commodity and Specifications	（2）数量 Quantity	（3）单位 Unit	（4）单价 Unit Price	（5）金额 Amount
HALOGEN FITTING W500 5% more or less both in amount and quantity allowed	9 600PCS	PC	CIF HELSINKI USD3. 80/PC	USD36 480. 00
	Total Amount			USD36 480. 00

（6）Packing： CARTON

（7）Delivery From GUANGZHOU to HELSINKI

（8）Shipping Marks： N/M

（9）Time of Shipment：Within 30 days after receipt of L/C allowing transhipment .

（10）Terms of Payment：By 100% Confirmed irrevocable Letter of Credit in favor of the Sellers to be available by sight draft to be opened and to reach China before MAY 15，2018 and to remain valid for negotiation in China until the 15th days after the foresaid Time of Shipment.
L/C must mention this contract number . L/C advised by BANK OF CHINA GUANGZHOU BRANCH. TLX：444U4K GZBC CN. ALL banking Charges outside China（the mainland of China）are for account of the Drawee.

（11）Insurance：To be effected by Sellers for 110% of full invoice value covering FPA up to HELSINKI . To be effected by the buyers.

（12）Arbitration：All dispute arising from the execution of or in connection with this contract shall be settled amicably the friendly negotiation . In case of settlement can be reached through negotiation the case shall then be submit China International Economic & Trade Arbitration Commission. In Shenzhen（or in Beijing）for arbitration in act with its sure of procedures. The arbitral award is final and binding upon both parties for setting the Disputes. The fee，for arbitration shall be borne by the losing party unless otherwise awarded.

The Seller 张明　　　　The Buyer **JOHN HENDRY**

3.

卖方
GUANGDONG TEXTILES IMP. & EXP. GRANDTON TRADING CO., LTD. 7/F, GUANGDONG TEXTILES MANSION, 168, XIAOBEI ROAD, GUANGZHOU, CHINA
买方
Buyers: A. B. C. TRADING
地址
TELEX:
Address: NO. 180 MOSQUE ROAD, GORAKANA, SRI LANKA

销货确认书
SALES CONFIRMATION

号码
No. GD－2019－7885
日期
Date: OCT. 12, 2019
签约地点:
Signed at: GUANGZHOU, CHINA
电报挂号
Cable:
TELEX:
FAX:
电报挂号
Cable:
TELEX:
FAX:

兹经买卖双方同意按下列条款成交:
The undersigned Sellers and Buyers have agreed to close the following transactions according to the terms and conditions stipulated below:

1.

货号 Art. No.	品名及规格 Description	数量 Quantity	单价 Unit Price	金额 Amount
			CIF COLOMBO	
	100% COTTON PLACE MAT	5 000PCS	@ GBP0. 40	GBP2 000. 00
	100% COTTON TABLE CLOTH	1 000PCS	@ GBP1. 80	GBP1 800. 00
	100% COTTON APRON	4 000PCS	@ GBP0. 60	GBP2 400. 00
		10 000PCS		GBP6 200. 00

数量及总值均得有 5 %的增减，由卖方决定。
With 5 % more or less both in amount and quantity allowed at the Sellers' option.

2. 总值
Total Value: GBP 6 200. 00 (GREAT BRITAIN POUND SIX THOUSAND TWO HUNDRED ONLY.)

3. 包装
packing: CARTON IN 10PCS

4. 装运期
Time of Shipment: NOT LATER THAN DEC. 30, 2019

5. 装运口岸和目的地
Loading port & Destination: FROM GUANGZHOU TO COLOMBO

6. 保险由卖方按发票全部金额 110% 投保至 COLOMBO 为止的 水渍 险。
Insurance: To be effected by Sellers for 110% of full invoice value covering FPA up to COLOMBO only.

7. 付款条件: 买方须于 2019 年 11 月 15 日前将不可撤销的，即期信用证开到卖方，信用证，议付有效期延至上列装运期后 15 天在中国到期，该信用证中必须注明允许分运及转运。
Terms of payment:
By Irrevocable, and Divisible Letter of Credit to be available by sight draft to reach the Sellers before NOV. 15, 2019 and to remain valid for negotiation in China until the 15th day after the aforesaid Time of Shipment. The L/C must specify that transhipment and partial shipments are allowed.

8. 装船标记
Shipping Mark:

9. 开立信用证时请注明我成交确认书号码。
When opening L/C, Please mention our S/C number.

10. 备注
Remarks:

卖方
THE SELLERS
张明华

买方
THE BUYERS
MARRY

希将本确认书一份签署后寄回本公司
Please sign and one copy of this sales confirmation to us at your earliest convenience.

第九章
国际货物买卖合同的履行

一、练习题

（一）名词解释

1. 收妥结汇　　2. 出口押汇　　3. 定期结汇

（二）单项选择题

1. 新加坡一公司于8月10日向我方发盘欲购某货物一批，要求8月16日复到有效；我方8月11日收到发盘后，未向对方发出接受通知，而是积极备货，于8月13日将货物运往新加坡。不巧，遇到市场行情变化较大，该货滞销，此时，（　　）。

A. 因合同未成立，新加坡客商可不付款

B. 因合同已成立，新加坡客商应付款

C. 我方应向新加坡客商发出接受通知后才发货

D. 我方应赔偿该批货物滞销给新加坡客商带来的损失

2. 卖方履行出口合同时，审核信用证的依据是（　　）。

A. 合同及《UCP600》的规定　　B. 一整套单据

C. 开证申请书　　D. 商业发票

3. 卖方履行出口合同时，如果出现信用证修改通知书有两项或两项以上的内容的，卖方（即受益人）（　　）。

A. 要么全部接受，要么全部拒绝　　B. 可选择接受

C. 必须全部接受　　D. 只能部分接受

4. 信用证中只规定了议付的有效期，而未规定装运期，则根据《UCP600》的规定，（　　）。

A. 装运的最终期限与信用证的到期日相同

B. 信用证必须经过修改才能使用

C. 该证无效

D. 装运期可视为与信用证有效期相差一个月

5. 除非信用证另有规定，在所支付款项不超过信用证金额的条件下，货物数量准许有（　　）的增减幅度，但信用证规定的数量以包装或个数计数时，此项增减幅度则不适用。

A. 10%　　B. 5%

C. 3%　　D. 2%

6. 卖方对外销售货物，出口报检和报关的时间应是（　　）。

A. 备货前　　B. 装船前

C. 装船后　　D. 货到目的港后

7. 一份 CIF 合同下，合同与信用证均没有规定投保何种险别，交单时保险单上反映出投保了平安险，该出口商品为易碎品，而其他单据与信用证要求相符。因此，（　　）。

A. 银行将拒收单据　　B. 买方将拒收单据

C. 买方应接受单据　　D. 银行应接受单据

8. 根据《UCP600》的规定，除非信用证特别要求，海运提单中货物的描述（　　）。

A. 必须与信用证规定完全一致，否则，构成单证不符

B. 必须使用货物的全称，不得使用统称

C. 只要与信用证对货物的描述不相抵触，可使用货物的统称

D. 必须与商业发票的填写完全一致，否则，构成单单不符

9. 商业发票是主要的结汇单据之一，其抬头人一般是（　　）。

A. 受益人　　B. 开证人

C. 开证银行　　D. 卖方

10. 除可转让信用证外，商业发票的签发人应为信用证中规定的（　　）。

A. 受益人　　B. 开证人

C. 出口地银行　　D. 进口地银行

（三）多项选择题

1. 银行审核信用证的主要任务是审核（　　）。

A. 信用证的真实性　　B. 开证行的资信

C. 付款责任及索汇路线　　D. 货物描述及单据要求

2. 审核信用证项下单据的依据分别是（　　）。

A. 开证申请书　　B. 《UCP600》

C. 一整套单据　　D. 信用证

3. 在审核信用证和单据的“币别和金额”时，需要审核的内容包括（　　）。

A. 信用证总金额的大、小写必须一致

B. 来证采用的货币与合同规定的货币必须一致

C. 发票和/或汇票的金额不能超过信用证规定的总金额

D. 若合同中订有溢短装条款，信用证金额应有相应的规定

4. 一般情况下，开证银行同意修改信用证的前提条件是（　　）。

A. 修改内容不能超过一项

B. 不能违反《UCP600》的规定

C. 不能侵犯银行的权利

D. 不与出口许可证相抵触

5. 在交易过程中，卖方的基本义务是（　　）。

A. 提交货物　　B. 提交与货物有关的单据

C. 转移货物的所有权　　D. 支付货款

6. 因租船订舱和装运而产生的单据是（　　）。

A. 托运单　　B. 装货单

C. 收货单　　D. 海运提单

7. 进出口商品检验的主要环节包括（　　）。

A. 接受报检　　B. 抽样

C. 检验　　D. 签发证书

8. 出口结汇常用的单据是（　　）。

A. 发票和汇票　　B. 提单和装箱单

C. 保险单和产地证　　D. 托运单和报关单

9. 在实际业务中，凭信用证成交出口的货物，如货物出运后，发现单证不符，而由于时间的限制，无法在信用证有效期或交单期内做到单证相符，可采取的变通办法是（　　）。

A. “表提”　　B. “电提”

C. 改为跟证托收　　D. 要求买方直接电汇付款

10. 被保险人向保险公司索赔时，应注意的问题是（　　）。

A. 索赔的时效

B. 要求买方立即处理受损货物

C. 提供必要的索赔证件

D. 立即将受损货物转移给保险公司

（四）判断题

1. 卖方备货的实际品质，只能高于合同规定而不能低于合同规定。（　　）

2. 商务部决定自 2018 年 11 月 1 日起，对加工贸易项下白银出口审批业务实行网上办理。（　　）

3. 我国规定，从 2019 年起对所有出口商品实行出口许可证管理。（　　）

4. 我国对外出口成交，在出口投保的手续上一般采用预约投保。（　　）

5. 我国自 2018 年起，对于同一票货物，只需“一次查验”即可完成报检和报关业务。（　　）

6. 原产地证书是一种证明货物原产地或制造地的证件，提交原产地证书只是证明货物的来源。（　　）

7. 不清洁提单是指承运人在提单上加注货物及包装状况不良或存在缺陷等批注的提单。不清洁提单的不良批注是从大副收据上转注过来的。（　　）

8. 在信用证支付方式下，开具汇票的依据是信用证，而在托收和汇付方式下，开具汇票的依据是买卖合同。（　　）

9. 一张未记载付款日期的汇票，可理解为见票后 21 天付款。（　　）

10. 汇票、提单、保险单的抬头人通常各是付款人、收货人、被保险人。（　　）

（五）案例分析题

1. 我 A 公司与国外 B 公司达成一笔出口交易。合同中规定，数量为 100 公吨，可有

5%的伸缩，多交部分按合同价格计价。商品的价格为每公吨 1 500 美元 FOB 广州，T/T 付款方式。现该商品的市场行情急剧上涨，问：（1）A 公司根据合同的规定最多和最少可交多少公吨货物？（2）本案中，从收益考虑，A 公司应多交还是少交？为什么？

2. 某木制品贸易公司向国外客户出口一批精美木制工艺品，信用证中规定的装运期为 4 月份，交单期为 5 月 10 日前，信用证的有效期为 5 月 25 日。该木制品公司收到对方开来的信用证后，及时向工厂下订单，准备出口货物。但由于产品制作过程需要的时间较长，该公司的货物于 4 月 27 日才全部赶制出来，经与轮船公司联系装运后，该公司取得 4 月 29 日签发的提单，并制作好单据于 5 月 8 日交单时，恰逢 5 月 8、9 日为银行非营业日，该公司只能于 5 月 10 日交单。问：该公司可否按《UCP600》的规定，凭 4 月 29 日签发的提单连同其他单据从银行取得货款？为什么？

3. 我某食品进出口公司出口一批冷冻加吉鱼，7 月 16 日接到通知行转来的一张信用证简电通知。信用证简电通知中表明信用证号码、商品的品名、数量和价格等几个项目，并说明“详情后告”。我食品进出口公司收到了信用证简电通知后急于出口，于 7 月 20 日按简电通知中规定的数量将加吉鱼装运出口。在货物装运后制作单据时，收到了通知银行转来的一张信用证证实书，证实书中规定的数量与简电通知书中规定的数量不符。问：我方应按信用证证实书的规定还是按简电通知书的规定制作单据？它们之间存在的差异应如何处理？

4. 我某进出口公司与欧洲某客户达成一笔圣诞节应季礼品的出口交易。合同中规定，以 CIF 为交货条件，交货期为 2020 年 12 月 1 日以前，但合同中未对买方的开证时间予以规定。我方于 2020 年 11 月上旬开始向买方催开信用证，经多次催证，买方于 11 月 25 日将信用证开抵我方。由于收到 L/C 的时间较晚，我方于 12 月 5 日才将货物装运完毕。当我方向银行提交单据时，遭到银行以单证不符为由拒付。问：（1）银行的拒付是否有理？为什么？（2）本案中，我方有哪些失误？

5. 某公司收到国外买方通过开证行开来的即期不可撤销跟单信用证，证中规定卖方不得迟于 2021 年 2 月 15 日装运。我方因港口舱位紧缺，无法如期装运，于 2 月 6 日电请买方将装运期延展至 3 月 15 日，信用证有效期同时延展。2 月 10 日接买方来电称：“同意你 2 月 6 日电，将装运期改为不得迟于 3 月 15 日，信用证有效期同样延展一个月。”接电后，我方立即组织出运，于 3 月 12 日装船完毕并于 15 日备齐全套结汇单据向银行交单议付，但银行拒绝收单。问：银行的拒收是否有理？为什么？

6. 我某出口公司与非洲某商成交货物一批，来证规定 9 月装运，但计价货币与合同规定不符，加上备货不及，直至 9 月对方来电催装时，我方才向对方提出按合同货币改证，同时要求延展装运期至 10 月。次日非商复电：“证已改妥。”我方据此在 10 月初将货发运，但信用证修改书迟迟未到，致使结汇单据寄达开证行时被拒付。我方为及时收回货款，避免在进口地的仓储费用支出，接受了进口商改按 D/P · T/R 提货的要求，终因进口人未能如约付款，我方蒙受重大损失。试就我方在这笔交易中的处理过程进行评论，找出我公司应吸取的经验教训。

7. 我方凭即期不可撤销信用证出口马达一批，合同规定的装运期为2021年8月份。签约后，对方及时开来信用证，我方则根据信用证的要求及时将货物装运出口。但在制作单据时，制单员将商业发票上的商品名称依信用证的规定缮制为："MACHINERY AND MILL WORKS，MOTORS." 而海运提单上仅填该商品的统称："MOTORS." 问：付款行可否以此为由拒付货款？为什么？

8. 我某进出口公司与国外某客商订立一份轻纺制品的出口合同，合同规定以不可撤销即期信用证为付款方式。买方在合同规定的开证时间内将信用证开抵通知银行，并经通知银行转交给我出口公司。我出口公司审核后发现，信用证上有关货物装运期限和不允许转运的规定与双方签订的合同不一致。为争取时间，尽快将信用证修改完毕，以便办理货物的装运，我方立即电告开证银行修改信用证，并要求开证银行修改完信用证后，直接将信用证修改通知书寄交我方。问：（1）我方的做法可能会产生什么后果？（2）正确的信用证修改渠道是怎样的？

9. 某出口企业向西班牙某商出口1 000台空调机，每台160美元CIF Valencia，不可撤销跟单信用证付款。信用证规定：1月和2月分两批等量装运，并按《UCP600》办理。该出口企业于1月6日装运第一批空调机，2月1日装运第二批空调机，两批货物的单证一并于2月6日提交银行议付。问：（1）1月份的单证能否顺利收汇？为什么？（2）2月份的单证能否顺利收汇？为什么？

10. 我某公司向爱尔兰某公司以CIF条件出口衬衣一批，不可撤销跟单信用证付款。来证规定："1. Signed Invoice in triplicate. 2. Full set of clean on board marine Bills of Lading consigned to order, blank endorsed, marked freight prepaid and claused notify applicant. 3. Insurance Policy in two original, blanked endorsed covering all risks for 10 per cent above the CIF value." 信用证注明"Subject to《UCP600》"。我方公司按信用证规定及时装运并提交全套单据议付，议付行提出如下问题：（1）三份商业发票中，只有一份正本，且两份副本没有受益人的签名，应提交三份正本的商业发票并签名；（2）提单只有一份，没有副本，与信用证规定的全套不符；（3）提单上标注有"Shipper load and count"，提单上的数量不是船公司核实的数量；（4）正本保险单只有一份，应提交两份正本保险单；（5）保险单上的保险金额与发票金额相同，投保金额不足。问：议付行的理由是否成立？为什么？

（六）操作题

1. 仔细阅读下面的商业发票，并找出所列发票内容。

（1）出口商名称：

（2）发票抬头人：

（3）发票号码：

（4）发票日期：
（5）合同号码：
（6）付款方式：
（7）起运地（港）：
（8）目的地（港）：
（9）运输方式：
（10）货物描述：
（11）货物总净重：
（12）货物总毛重：
（13）价格条件：
（14）单价：
（15）佣金：
（16）总值（含佣）：
（17）唛头：
（18）证明文句：
（19）出票人：

广 东 省 纺 织 品 进 出 口 针 织 品 有 限 公 司
GUANGDONG TEXTILES IMP. & EXP. KNITWEARS COMPANY LIMITED
15/F., GUANGDONG TEXTILES MANSION 168, XIAO BEI ROAD GUANGZHOU, CHINA

商业发票
COMMERCIAL INVOICE

Messrs:
JOHNSON'S S. A.
NUBLE 1034
SANTIAGO
CHILE

INVOICE NO. : YSM1999B
INVOICE DATE : OCT. 05, 2019
L/C NO. : 524250
L/C DATE : AUG. 20, 2019
S/C NO. : GD-98TX2509

Exporter:
GUANGDONG TEXTILES IMP. & EXP.
KNITWEARS COMPANY LIMTIED
15/F., GUANGDONG TEXTILES MANSION
168, XIAOBEI ROAD GUANGZHOU, CHINA

Transport details:
FROM HUANGPU TO SAN ANTONIO.
W/T HONGKONG BY VESSEL

Terms of payment:
BY L/C

MARKS AND NUMBERS	DESCRIPTION OF GOODS	QUANTITY	UNIT PRICE	AMOUNT
JOHNSON'S 97KCS05107 SAN ANTONIO CHILE NO. 1-80 MADE IN CHINA	GARMENTS (100% COTTON JERSEY BABY'S OVERALL)	4 000PCS	USD1.50/PC	USD6 000.00
JOHNSON'S 97KCS05111 SAN ANTONIO CHILLE NO. 1-80 MADE IN CHINA	GARMENTS (100% COTTON JERSEY BABY'S BEATLE ON NECK)	4 000PCS	USD1.60/PC	USD6 400.00
		CFRC3% SAN ANTONIO		USD12 400.00
		LESS C3		USD372.00
		CFR SAN ANTONIO		USD12 028.00

TOTAL QUANTITY: 8 000PCS　　PACKING: 160CARTONS
TOTAL WEIGHT : NET WT.: 1 000KGS　　GROSS WT.: 1 200KGS
TOTAL: U. S. DOLLARS TWELVE THOUSAND AND TWENTY-EIGHT ONLY.

WE CERTIFY THAT THE GOODS NAMED HAVE BEEN SUPPLIED IN CONFORMITY WITH S/C NO. GD-98TX2509.

GUANGDONG TEXTILES IMP. & EXP.
KNITWEARS COMPANY LIMITED

2. 广东省轻工家电有限公司与香港ABC公司达成一笔出口交易。买方按期开来即期不可撤销跟单信用证，卖方也于2018年2月8日开出商业发票。请根据下面信用证提供的内容审核并修改商业发票。

香港南洋商业银行

致：广东省轻工家电有限公司

日期：2018年2月4日

信用证号：472/818

金额：USD155 000.00

通知行：广州中国银行

敬启者：

兹开立不可撤销之信用证以贵公司为受益人，开证人为香港ABC贸易公司，总金额为美元壹拾伍万伍仟元整，由受益人开具即期汇票以香港南洋商业银行为付款人，支取100%发票金额之货款并随附下列单据：

1. 手签商业发票一式二份。

2. 保险单包括平安险及战争险按110%发票金额投保。

3. 全套洁净“已装船”提单，作成“凭指定”（to order）并“空白背书”（endorsed in blank）列明货物自贵埠运至新加坡，注明“运费付讫”通知开证人船名、数量及装运日期之电报副本证明装运下列货物：

50台灯架（Lamp Holder）型号为W1052/55874 每台美元3 100（按销货确认书JT126号） CIF新加坡

分批装运：允许

转运：不允许

装运日期不得迟于：2018-3-28

有效期：2018-4-15

到期地点：广州

特别条款：金额及数量可增减5%

凡根据本信用证并按照其所列条款开出之汇票，如及时提出，敝行同意对其出票人、背书人及善意持有人履行付款责任。

本证受国际商会2007年修订之跟单信用证统一惯例600号出版物约束。

香港南洋商业银行

广 东 省 轻 工 家 电 有 限 公 司

GUANGDONG LIGHT ELECTRICAL APPLIANCES COMPANY LIMITED
52, DEZHENG ROAD SOUTH GUANGZHOU, CHINA

商业发票
COMMERCIAL INVOICE

MESSRS:
ABC TRADE CO.,
NO. 80, MOSQUE ROAD, HONGKONG.

INVOICE NO. : 98DSP3298
INVOICE DATE : FEB. 8, 2018
L/C NO. : 002/9803

TRANSPORT DETAILS:
FROM GUANGZHOU TO SINGAPORE
W/T HONG KONG BY VESSEL

TERMS OF PAYMENT:
BY L/C

MARKS	DESCRIPTION OF GOODS	QUANTITY	UNIT PRICE	AMOUNT
N/M	LAMP HOLDERS	500PCS	@USD3 100.00	USD155 000.00
		500PCS		USD155 000.00

TOTAL QUANTITY: 50PCS　　PACKING: 50CTNS

TOTAL : U. S. Dollars ONE HUNDRED AND FIFTY FIVE THOUSAND ONLY.

GUANG DONG LIGHT ELECTRICAL
APPLIANCES COMPANY LIMITED

3. 广东省东风进出口公司（GUANGDONG DONGFENG IMPORT AND EXPORT CORP. 122, DONG FENG ROAD EAST, GUANGZHOU, CHINA）与 SANYEI HONG KONG 14/F., KAISER ESTATE 1, MANYUE STREET, HUNG HOM, SYDNEY, AUSTRALIA 达成一笔交易，内容主要有：2 400 件不锈钢铲头（STAINLESS STEEL SPADE HEAD），每 12 件扎成 1 捆，2019 年 12 月 1 日出运。该公司填制好如下 FORM A，请审核并修改。

ORIGINAL

<table>
<tr><td>1. Goods consigned from (Exporter's business name, address, county)

GUANGDONG DONGFENG IMPORT AND EXPORT CORP.
122, DONG FENG ROAD EAST, GUANGZHOU</td><td rowspan="2">Reference No.
GZ9/12078/6311

GENERALIZED SYSTEM OF PREFERENCES
CERTIFICATE OF ORIGIN
(Combined declaration and certificate)

FORM A

issued in THE PEOPLE'S REPUBLIC OF CHINA
(COUNTRY)

See Notes overleaf</td></tr>
<tr><td>2. Goods consigned to (Consignee's name, address, country)

SANYEI HONG KONG
14/F., KAISER ESTATE 1, MANYUE STREET,
HUNG HOM,, SYDNEY</td></tr>
<tr><td>3. Means of transport and route (as far as known)

ON/AFTER DEC. 01, 2019
FROM GUANGZHOU TO SYDNEY
BY VESSEL</td><td>4. For official use</td></tr>
</table>

<table>
<tr><td>5. item number</td><td>6. Marks and numbers of packages</td><td>7. Number and kind of packages; description goods</td><td>8. Origin criterion (see Notes overleaf)</td><td>9. Gross weight or other quantity</td><td>10. Number and date of invoices</td></tr>
<tr><td>1</td><td>KMART
SYDNEY
NO. 1-200</td><td>TWO THOUDAND FOUR HUNDRED (2 400) PCS OF STAINLESS STEEL SPADE HEAD
**</td><td>"P"</td><td>2 400PCS</td><td>YSM199901
NOV. 11, 2019</td></tr>
</table>

<table>
<tr><td>11. Certification
It is hereby certified, on the basis of control carried out, that the declaration by the exporter is correct.

GUANGZHOU NOV. 21, 2019
Place and date, signature and stamp of certifying authority</td><td>12. Declaration by the exporter
The undersigned hereby declares that the above details and statements are correct; that all the goods were produced in
GUANGZHOU
(country)
and that they comply with the origin requirements specified for those goods in the Generalized System of Preferences for goods exported to
SYDNEY
(importing country)
GUANGZHOU NOV. 20, 2019
Place and date, signature of authorized signatory</td></tr>
</table>

4. 广东省纺织品进出口针织品有限公司向希腊某商出口一批塑胶玩具，该出口公司产地证申报员张强拟于 2019 年 10 月 7 日向广州检验检疫局申报，公司电话：020－78787878。请你根据下面的商业发票帮张强填制“一般原产地证明书/加工装配证明书申请书”和“CO 产地证”。

广 东 省 纺 织 品 进 出 口 针 织 品 有 限 公 司
GUANGDONG TEXTILES IMP. & EXP. KNITWEARS COMPANY LIMITED
15/F., GUANGDONG TEXTILES MANSION 168, XIAO BEI ROAD GUANGZHOU, CHINA

商业发票
COMMERCIAL INVOICE

Messrs：
JOHNSON
KREONTOS 30 STR.
GREECE

INVOICE NO　：YSM1999B
INVOICE DATE：OCT. 05, 2019
L/C NO.　：KDTT524250
L/C DATE　：AUG. 20, 2019
S/C NO　：GD-98TX2509

Transport details：
FROM GUANGZHOU TO PIRAEUS GREECE.
BY VESSEL.
SAILING DATE: OCT.15, 2019

Terms of payment：
BY L/C

MARKS AND NUMBERS 唛头号码	DESCRIP. OF GOODS 商品名称	QUANTITY 数量	UNIT PRICE 单价	AMOUNT 总值
JOHNSON 97KCS05111 PIRAEUS GREECE NO. 1-500 MADE IN CHINA	H.S. NO.: 9503.90 PLASTIC TOYS	10 000PCS	USD0.60/PC	USD6 000.00
			GUANGZHOU	USD6 000.00

TOTAL QUANTITY：10 000PCS　　PACKING：500CARTONS
TOTAL：U. S. DOLLARS SIX THOUSAND ONLY.

广东省纺织品进出口针织品有限公司
GUANGDONG TEXTILES IMP. & EXP.
KNITWEARS COMPANY LIMITED
（盖章）

ORIGINAL

<table>
<tr><td colspan="2">1. Exporter</td><td colspan="3" rowspan="2">Certificate No.

CERTIFICATE OF ORIGIN
OF
THE PEOPLE'S REPUBLIC OF CHINA</td></tr>
<tr><td colspan="2">2. Consignee</td></tr>
<tr><td colspan="2">3. Means of transport and route</td><td colspan="3" rowspan="2">5. For certifying authority use only</td></tr>
<tr><td colspan="2">4. Country/region of destination</td></tr>
<tr><td>6. Marks and numbers</td><td>7. Number and kind of packages; description of goods</td><td>8. H. S. Code</td><td>9. Quantity</td><td>10. Number and date of invoices</td></tr>
<tr><td colspan="2">11. Declaration by the exporter
The undersigned hereby declares that the above details and statements are correct, that all the goods were produced in China and that they comply with the Rules of Origin of the People's Republic of China.

....
Place and date, signature and stamp of authorized signatory</td><td colspan="3">12. Certification
It is hereby certified that the declaration by the export is correct.

....
Place and date, signature and stamp of certifying authority</td></tr>
</table>

二、参考答案

（一）名词解释

1. 收妥结汇是指议付行收到出口商的出口单据后，经审查无误，将单据寄交国外付款行索取货款，待收到付款行将货款拨入议付行账户的贷记通知书时，即按当日外汇牌价，折成人民币，扣除有关费用后拨给出口商。

2. 出口押汇是指议付行在审单无误的情况下，按信用证条款买入受益人的汇票和单据，从票面金额中扣除从议付日到估计收到票款之日的利息，将余款按议付日外汇牌价折成人民币，拨给外贸公司。

3. 定期结汇是指议付行根据向国外付款行索偿所需时间，预先确定一个固定的结汇期限，到期后主动将票款金额折成人民币拨交外贸公司。

（二）单项选择题

1. B。理由：根据《公约》第 18 条第（1）款规定："被发盘人声明或做出其他行为表示同意一项发盘，即是接受，缄默或不行动本身不等于接受。"可知接受可以用声明或行动表示出来。本案中，我方 8 月 11 日收到发盘后，未向对方发出接受通知，而是积极备货，于 8 月 13 日将货物运往新加坡，即以行动表示接受，合同于我方采取行动时成立。因此，新加坡客商应付款。

2. A。理由：《UCP600》规定："信用证按其性质与凭以开立信用证的销售合同或其他合同，均属不同的业务。即使信用证中援引这些合同，银行也与之毫无关系并不受其约束。"由此可知，信用证的开立以买卖合同或其他合同为基础，因此，审核信用证时应以买卖合同为依据。此外，为做到"单单一致，单证一致"，出口方还应依据《UCP600》的有关规定审核信用证。

3. A。理由：《UCP600》第 10 条第 e 款的规定："接受部分修改内容是不允许的，并且将被认为拒绝接受修改的通知。"因此，信用证修改通知书的内容在两项以上者，受益人要么全部接受，要么全部拒绝。

4. A。理由：《UCP600》规定："如信用证或有关修改未规定最迟装运日期，银行将不接受注明装运日期迟于信用证或有关修改规定的到期日的运输单据。"由此可知，在信用证中只规定了议付的有效期，而未规定装运期的情况下，可根据以上规定确定装运的最终期限与信用证的到期日相同，即通常所说的"双到期"。

5. B。理由：根据《UCP600》第 30 条第 b 款的规定，除非信用证另有规定，在所支付款项不超过信用证金额的条件下，货物数量准许有 5% 的增减幅度，但信用证规定的数量以包装或个数计数时，此项增减幅度则不适用。

6. B。理由：出口报关是指出口人向海关如实申报出口，交验有关单据和证件，接受海关对货物的查验。根据我国《海关法》第 24 条的规定，出口货物的发货人，除海关特准者外，应当在装货的 24 小时以前向海关申报。一般而言，出口货物应由发货人在货物的出境地海关办理报关手续。

7. D。理由：根据《UCP600》的规定，买卖双方以 CIF 条件成交，买卖双方在合同中就投保的险别给予明确规定。若双方在洽商合同时未规定具体的险别，则卖方投保时，只有保最低限度险别的义务。

8. C。理由：《UCP600》第 14 条第 e 款规定，商业发票中对货物的描述必须符合信用证中的描述。除商业发票外，其他单据中的货物、服务或履约行为的描述，可以使用统称，但不得与信用证中有关货物的描述相矛盾。

9. B。理由：商业发票是卖方向买方开立的载有货物名称、数量、价格等内容的清单，是买卖双方交接货物和结算货款的主要单据。在信用证方式下，除非信用证另有约定，商业发票的抬头人必须写成开证申请人（可转让信用证除外）。

10. A。理由：根据《UCP600》第 18 条第 a 款的规定，商业发票的签发人应为信用证中规定的受益人。

（三）多项选择题

1. ABC。理由：银行审核信用证的主要任务是审核信用证的真实性、开证行的资信、付款责任及索汇路线。货物描述及单据要求等内容由受益人审核。

2. BD。理由：开证银行凭以开立信用证的开证申请书是以合同为基础的，因而根据合同的规定审核信用证。开证银行在“单单一致、单证一致”的条件下履行付款责任，为保证单据与信用证规定相符，应根据信用证和《UCP600》的规定审核单据。

3. ABCD。理由：在审核信用证时，信用证支付货币应与合同规定相同；如不一致，应按汇率折算看是否与合同金额相符，否则应要求开证人改证。信用证总金额的大、小写必须一致，若两者不一致，应要求改证。发票和/或汇票的金额不能超过信用证规定的总金额。若合同中订有溢短装条款，信用证金额应有相应的规定。

4. BCD。理由：一般情况下，开证银行同意修改信用证时，要求修改内容不能违反《UCP600》的规定、不能侵犯银行的权利、不与出口许可证相抵触。

5. ABC。理由：《公约》第 30 条规定：“卖方必须按照合同和本公约的规定，交付货物，移交一切与货物有关的单据并转移货物所有权。”可见，按照合同交付货物、移交单据和转移货物所有权是卖方的三项基本义务。

6. ABCD。理由：在 CIF 或 CFR 条件下，租船订舱是卖方的责任之一。订舱工作的基本程序是：①托运人填写托运单，作为订舱依据；②船公司或其代理人在接受托运人的托运单证后，即发给托运人装货单；③货物装船后，即由船长或大副签发收货单；④托运人凭收货单向外轮代理公司交付运费并换取正式提单。

7. ABCD。理由：进出口商品检验的主要环节包括接受报检、抽样、检验和签发证书。

8. ABC。理由：出口结汇常用单据有发票、汇票、提单、装箱单、保险单和产地证等。

9. ABC。理由：在实际业务中，凭信用证成交出口的货物，如货物出运后，发现单证不符，而由于时间的限制，无法在信用证有效期或交单期内做到单证相符，实务中可采取的变通办法是：①表提，即受益人向议付行出具一份保函，在保函上具体列明单据上的各项不符点，同时声明要求议付行凭此保函提交具有不符点的单据。如果开证行拒付，受益人自己承担由此引起的一切后果。在此基础上，议付行将货款支付给受益人，然后将全套单据寄送开证行索款。②电提，即议付行在向开证行寄单之前，以电讯方式先告知开证行，详细列明信用证项下单据的不符点，等待开证行回复表示接受这种单据以后，议付行再将单据寄出。③改为跟证托收，即将信用证付款方式改为跟单托收付款方式。

10. AC。理由：向保险公司索赔时，被保险人要掌握好索赔的时效，并向保险公司提供必要的索赔证件。

（四）判断题

1. 错误。理由：卖方备货的实际品质，不能高于合同规定也不能低于合同规定。不论高于还是低于合同规定都属于违约行为。

2. 正确。理由：商务部决定自2018年11月1日起，对加工贸易项下白银出口实行网上审批，不再签发纸质批件。企业凭系统生成的电子单号申领《中华人民共和国出口许可证》（以下简称出口许可证）。发证机构签发出口许可证时，不再加验商务部批件（纸质）。

3. 错误。理由：我国2019年实行出口许可证管理的货物共45种，由商务部和商务部委托的省级地方商务主管部门及副省级市商务主管部门（以下简称委托机构）负责办理货物出口许可。

4. 错误。理由：我国对外出口成交，出口商品的投保手续一般都是逐笔办理，进口商品的投保手续才是采用预约投保。

5. 正确。理由：2018年起，我国原出入境检验检疫系统统一以海关名义对外开展工作，并在货物领域开展了“查检合一”联合作业。对于同一票货物，只需“一次查验”即可完成报检和报关业务。

6. 错误。理由：原产地证书是一种证明货物原产地或制造地的证件，提交原产地证书以便确定对货物应交纳的税率。

7. 正确。理由：在实际业务中，当货物装船完毕后，即由船长或大副根据装货的实际情况签发大副收据。大副收据又称收货单（简称M/R），是船方签发给托运人的、表明货物已装妥的临时收据，载明货物的详细情况。如大副收据上列有货物或包装的不良批注，船公司或其代理在签发提单时，就要把所列的批注照列于提单上，因而构成了不清洁提单。

8. 正确。理由：在信用证支付方式下，银行付款的条件是“单单一致、单证一致”，因而，开具汇票的依据是信用证。在托收和汇付方式下，有关单据的制作应符合合同的规定，因而，开具汇票的依据是买卖合同。

9. 错误。理由：在实际业务中，汇票尚须列明付款日期、付款地点和出票地点等内容。对此，我国《票据法》第23条作了明确规定：“汇票上记载付款日期、付款地、出票地等事项的，应当清楚、明确。汇票上未记载付款日期的，为见票即付……”

10. 错误。理由：汇票是出票人签发的，委托付款人在见票时或者在指定日期无条件支付确定的金额给付款人或者持票人的票据。其抬头人应为收款人。海运提单的抬头人是指享有提货权利的人，即收货人。保险单的抬头人是指当发生保险公司承保范围内风险时，有权向保险公司提出索赔的人，即被保险人。

（五）案例分析题

1. 答：（1）A公司根据合同的规定最多可交105公吨，最少可交95公吨。（2）本案中，A公司应少交5公吨的货物。因为现该商品的市场行情上涨，A公司完全可以依合同的规定少交货物，将少交部分的货物出售给出价较高的买主。

2. 答：如果该公司于5月10日交单，可以按《UCP600》的规定，凭4月29日签发的提单连同其他单据从银行取得货款。《UCP600》第29条第a款规定，如信用证的到期日或最迟交单日适逢接受单据的银行因第36条以外的原因而中止营业，则到期日或最迟交单日，将根据具体情况顺延至该银行开业的第一个营业日。本案中，信用证规定5月10日前交单，该公司备齐单据于5月8日交单时，恰遇5月8、9日为银行非营业日。因而，根据《UCP600》的规定，该公司交单的时间将顺延至该银行开业的第一个营业日即5月10日。因此，该公司可凭4月29日签发的提单连同其他单据从银行取得货款。

3. 答：我方应按信用证证实书中的内容制作单据，以便能凭证结汇。简电通知书中的数量与信用证证实书中的数量不符，其差异视具体情况处理：①若证实书中的数量大于简电通知书中的数量，且证实书允许分批装运，我方应及时补交不足的货物；②若证实书中的数量小于简电通知书中的数量，我方应及时与买方取得联系，确定多交部分货物的收取和货款的支付问题。

4. 答：（1）银行的拒付是有理的。因为我方未能在信用证规定的装运期内完成装运，银行当然可以单证不符为由拒付货款。（2）我方的失误主要是：①在合同中未对买方的开证时间予以规定，以致买方未能及时开立信用证；②催证的时间较迟，以致我方在收到信用证后，无法在规定的时间内完成装运。

5. 答：银行拒绝收单是有理的。按照《UCP600》第10条第a款的规定，除第38条另有规定外，未经开证行、保兑行（如有）以及受益人的同意，不可撤销信用证既不能修改也不能撤销。本案中，我方因港口舱位紧缺，无法如期装运，向买方提出将装运期延展至3月15日，信用证有效期同时延展，这一要求得到了买方的同意，但我方未征得开证行的同意及收到信用证修改通知书就装运，银行有权拒绝收单。

6. 答：我公司应吸取的教训是：①发现信用证中的计价货币与合同规定不符，备货不及要求延展装运期至10月，没有及时向对方提出信用证的修改问题；②信用证修改书未到，我方仅凭非商复电“证已改妥”即将货物发运，导致货运单据寄达开证行时被拒付；③为及时收回货款，避免在进口地的仓储费用支出，接受了进口商改按D/P · T/R提货的要求，致使我方要承担进口人不能如约付款的风险。

7. 答：银行不可以此为由拒付货款。根据《UCP600》第14条第e款的规定，商业发票中对货物的描述必须符合信用证中的描述。除商业发票外，其他单据中的货物、服务或履约行为的描述，可以使用统称，但不得与信用证中有关货物的描述相矛盾。本案中，制单员将商业发票上的商品名称依信用证的规定缮制为："MACHINERY AND MILL WORKS, MOTORS." 而海运提单上仅填该商品的统称 "MOTORS." 与《UCP600》的规定相符，银行不可以此为由拒付货款。

8. 答：(1) 我方的做法可能会产生：①有关方面不同意修改信用证或拖延修改信用证，导致我方无法凭证结汇的结果；②无法辨别信用证修改通知书的真伪就办理装运，到头来落得无法凭证结汇的后果。(2) 正确的信用证修改渠道是：受益人—开证人—开证银行—通知银行—受益人。

9. 答：(1) 1月份的单证不能顺利收汇。因为《UCP600》第14条第c款规定，除规定一个交单到期日外，凡要求提交运输单据的信用证，尚须规定一个在装运日后按信用证规定必须交单的特定期限。如未规定该期限，银行将不予接受迟于装运日期后21天提交的单据。但无论如何，提交单据不得迟于信用证的到期日。本案中，该出口企业应在1月27日前提交该月装运货物的单证收汇，2月6日已超过《UCP600》规定的最后期限，所以不能顺利收汇。(2) 2月份的单证也不能顺利收汇。因为《UCP600》第32条规定，信用证规定在指定的不同期限内分期支款及/或分期装运，如其中任何一期未按信用证所规定的期限支款及/或装运，则信用证对该期及以后各期均视为无效。信用证另有规定者除外。本案中，第一批货款不能按期收妥，该信用证对第二批无效，该出口企业也不能顺利收汇。

10. 答：(1) 不成立。根据《UCP600》的规定，除非信用证另有规定，银行将接受标明副本字样或没有标明正本字样的单据作为副本单据，副本单据无须签字。如信用证要求多份单据，诸如"一式两份""两张""两份"等，可以提交一份正本，其余份数以副本来满足，单据本身另有显示者除外。因此提交一份正本和两份没有受益人签名的的副本的商业发票应属单证相符。(2) 不成立。根据《UCP600》第20条第a款Ⅳ的规定，开立全套正本提单可以是仅有一份正本提单或者是一份以上正本提单。一份正本提单应属单证相符。(3) 不成立。根据《UCP600》第26条b款的规定，除非信用证另有规定，银行将接受含有"托运人装载并计数"或"内容据托运人报称"或类似文字的条款的运输单据。因此，提单上有标注有 "Shipper load and count" 应属单证相符。 (4) 成立。根据《UCP600》的规定，除非信用证另有授权，如保险单据表明所出具正本单据系一份以上，否则必须提交全部正本保险单据。因此，只提交一份正本保险单，构成单证不符。(5) 成立。信用证已规定按不少于CIF总值加成10%投保。因此，按发票金额投保，构成单证不符。

(六) 操作题

1.

(1) 出口商名称：GUANGDONG TEXTILES IMP. & EXP. KNITWEARS COMPANY LIMITED

(2) 发票抬头人：JOHNSON'S S. A. NUBLE 1034 SANTIAGO CHILE

(3) 发票号码：YSM1999B

（4）发票日期：OCT. 5，2019

（5）合同号码：GD－98TX2509

（6）付款方式：BY L/C

（7）起运地（港）：HUANGPU

（8）目的地（港）：SAN ANTONIO

（9）运输方式：BY VESSEL

（10）货物描述：

GARMENTS（100% COTTON JERSEY BABY'S OVERALL）

GARMENTS（100% COTTON JERSEY BABY'S BEATLE ON NECK）

（11）货物总净重：1 000kgs

（12）货物总毛重：1 200kgs

（13）价格条件：CFRC3% SAN ANTONIO

（14）单价：USD1. 50/PC 和 USD1. 60/PC

（15）佣金：USD372. 00

（16）总值（含佣）：USD12 400. 00

（17）唛头：

JOHNSON'S
97KCS05107
SAN ANTONIO
CHILE
NO. 1－80
MADE IN CHINA
JOHNSON'S
97KCS05111
SAN ANTONIO
CHILE
NO. 1－80
MADE IN CHINA

（18）证明文句：

WE CERTIFY THAT THE GOODS NAMED HAVE BEEN SUPPLIED IN CONFORMITY WITH S/C NO. GD－98TX2509.

（19）出票人：

GUANGDONG TEXTILES IMP. & EXP. KNITWEARS COMPANY LIMITED

2. 该商业发票存在如下主要问题：①商业发票中的信用证号码“002/9803”有错，应改为“472/818”；②商业发票中的运输明细“FROM GUANGZHOU TO SINGAPORE W/T HONG KONG BY VESSEL”表明在香港转运，但信用证规定不能转运，应修改信用证为允许转运或将商业发票中的运输明细改为“FROM GUANGZHOU TO SINGAPORE BY VESSEL”；③商业发票中的货物明细欠型号，应增加“W1052/55874”；④件数填错，

"500PCS" 应改为 "50PCS"；⑤商业发票缺贸易术语，应在商业发票中表明 "CIF SINGAPORE"；⑥商业发票缺签名，右下角出口公司处应有手写签名。商业发票修改如下：

广 东 省 轻 工 家 电 有 限 公 司

GUANGDONG LIGHT ELECTRICAL APPLIANCES COMPANY LIMITED
52, DEZHENG ROAD SOUTH GUANGZHOU, CHINA

商业发票
COMMERCIAL INVOICE

MESSRS:
ABC TRADE CO.,
NO. 80, MOSQUE ROAD, HONG KONG.

INVOICE NO. : 98DSP3298
INVOICE DATE: FEB. 8, 2018
L/C NO. : 472/818

TRANSPORT DETAILS:
FROM GUANGZHOU TO SINGAPORE
BY VESSEL

TERMS OF PAYMENT:
BY L/C

MARKS	DESCRIPTION OF GOODS	QUANTITY	UNIT PRICE	AMOUNT
N/M	LAMP HOLDERS W1052/55874	50PCS	@USD3 100.00	USD155 000.00
		50PCS	CIF SINGAPORE	USD155 000.00

TOTAL　QUANTITY: 50PCS　　PACKING: 50CTNS

TOTAL： U. S. DOLLARS ONE HUNDRED AND FIFTY FIVE THOUSAND ONLY.

GUANG DONG LIGHT ELECTRICAL
APPLIANCES COMPANY LIMITED
（手写签名）

3. FORM A 存在如下主要问题：①第一项出口公司缺填写出口国家名，应增加“CHINA”；②第二项进口公司缺填写进口国家名，应增加“AUSTRALIA”；③第七项包装数量及货物描述有错，应将计价数量改为运输包装数量；④第十二项应改填出口国家和进口国家的名称，而不是装运港和目的港名称。FORM A 修改如下：

ORIGINAL

1. Goods consigned from (Exporter's business name, address, county)

GUANGDONG DONGFENG IMPORT AND EXPORT CORP.
122, DONGFENG ROAD EAST, GUANGZHOU, CHINA

Reference No. GZ9/12078/6311

GENERALIZED SYSTEM OF PREFERENCES CERTIFICATE OF ORIGIN

(Combined declaration and certificate)

FORM A

issued in THE PEOPLE'S REPUBLIC OF CHINA
(COUNTRY)

See Notes overleaf

2. Goods consigned to (Consignee's name, address, country)

SANYEI HONG KONG
14/F., KAISER ESTATE 1, MANYUE STREET,
HUNG HOM, SYDNEY, AUSTRALIA

3. Means of transport and route (as far as known)

ON/AFTER DEC. 01, 2019
FROM GUANGZHOU TO SYDNEY
BY VESSEL

4. For official use

5. item number	6. Marks and numbers of packages	7. Number and kind of packages; description goods	8. Origin criterion (see Notes overleaf)	9. Gross weight or other quantity	10. Number and date of invoices
1	KMART SYDNEY NO. 1-200	TWO HUNDRED (200) BUNDLES OF STAINLESS STEEL SPADE HEAD ************************************	"P"	2 400PCS	YSM199901 NOV. 11, 2019

11. Certification

It is hereby certified, on the basis of control carried out, that the declaration by the exporter is correct.

GUANGZHOU NOV. 21, 2019

Place and date, signature and stamp of certifying authority

12. Declaration by the exporter

The undersigned hereby declares that the above details and statements are correct; that all the goods were produced in

CHINA
(country)

and that they comply with the origin requirements specified for those goods in the Generalized System of Preferences for goods exported to

AUSTRALIA
(importing country)

GUANGZHOU NOV. 20, 2019

Place and date, signature of authorized signatory

4.

ORIGINAL

<table>
<tr><td colspan="3">1. Exporter
GUANGDONG TEXTILES IMP. & EXP.
KNITWEARS COMPANY LIMTIED
15/F., GUANGDONG TEXTILES MANSION
168, XIAO BEI ROAD GUANGZHOU,
CHINA</td><td colspan="3" rowspan="2">Certificate No.

CERTIFICATE OF ORIGIN
OF
THE PEOPLE'S REPUBLIC OF CHINA</td></tr>
<tr><td colspan="3">2. Consignee
JOHNSON
KREONTOS 30 STR.
GREECE</td></tr>
<tr><td colspan="3">3. Means of transport and route
ON/AFTER OCT. 15, 2019
FROM GUANGZHOU TO PIRAEUS GREECE
BY VESSEL</td><td colspan="3" rowspan="2">5. For certifying authority use only</td></tr>
<tr><td colspan="3">4. Country/region of destination
GREECE</td></tr>
<tr><td>6. Marks and numbers</td><td colspan="2">7. Number and kind of packages; description of goods</td><td>8. H.S.Code</td><td>9. Quantity</td><td>10. Number and date of invoices</td></tr>
<tr><td>JOHNSON
97KCS05111
PIRAEUS
GREECE
NO. 1-500
MADE IN CHINA</td><td colspan="2">FIVE HUNDRED(500) CARTONS OF PLASTIC TOYS
*************************************</td><td>9 503.90</td><td>10 000PCS</td><td>YSM1999B
OCT. 05, 2019</td></tr>
<tr><td colspan="3">11. Declaration by the exporter
The undersigned hereby declares that the above details and statements are correct, that all the goods were produced in China and that they comply with the Rules of Origin of the People's Republic of China.

GUANGZHOU OCT. 07, 2019
....
Place and date, signature and stamp of authorized signatory</td><td colspan="3">12. Certification
It is hereby certified that the declaration by the export is correct.

GUANGZHOU OCT. 08, 2019
....
Place and date, signature of authorized signatory</td></tr>
</table>

第十章
进口贸易合同的履行

一、练习题

（一）名词解释

1. 进口成本　　2. 进口商品盈亏额　　3. 进口商品盈亏率

（二）单项选择题

1. 在申请开立信用证前，应落实（　　）。

A. 货物的报关手续　　B. 进口批准手续及用汇问题

C. 商品检验手续　　D. 商品的运输手续

2. 根据国家规定，自动进口许可证自签发之日起（　　）有效。

A. 三个月内　　B. 至当年 12 月 31 日

C. 一个月内　　D. 6 个月，公历年度内有效

3. 在商品进出口贸易中，信用证的开证申请书由（　　）填写。

A. 出口商　　B. 进口商

C. 通知行　　D. 开证行

4. 如果合同只规定了最后的装运期，那么买方应在合理的时间内开证。按惯例，信用证的开证时间一般是（　　）。

A. 装运期开始的第一天　　B. 投保日期的次日

C. 签订买卖合同的次日　　D. 交货期前一个月

5. 我国外贸企业进口货物运输保险一般采用（　　）。

A. 预约投保　　B. 逐笔投保

C. 随机投保　　D. 设定投保

6. 信用证支付方式下的审单付款，一般情况下，审核进口货物单据的当事人是（　　）。

A. 进口商　　B. 开证行和进口商

C. 开证行　　D. 开证行、进口商和船公司

7. 进口商审核单据时，处于中心位置的单据是（　　）。

A. 进口报关单　　B. 进口许可证

C. 商品检验证书　　D. 商业发票

8. 按我国习惯，如进口企业在（　　）个工作日内没有提出异议，银行即按即期付汇、远期汇票承兑或在延期付款信用证情况下对外承担到期付款责任。

A. 3　　B. 7
C. 14　　D. 15

9. 进口货物的收货人或收货人的代理人在货物抵达卸货港后，即应向海关申报。法定申报时限为自运输工具申报进境之日起（　　）天内。

A. 3　　B. 7
C. 14　　D. 15

10. 在进口贸易中，进口关税的计算是以（　　）术语为基础的。

A. FOB　　B. CFR
C. CIF　　D. EXW

（三）多项选择题

1. 买方申请开立信用证的具体手续包括（　　）。

A. 递交有关合同副本及附件　　B. 填写开证申请书
C. 缴付保证金　　D. 支付开证手续费

2. 信用证的传递方式有（　　）。

A. 信开　　B. 电开
C. 快递　　D. 见电后随寄证实书

3. 以（　　）贸易术语成交，需要进口商自行办理保险。

A. FOB　　B. CIF
C. CFR　　D. CIP

4. 下列货物的进口保险中，属于卸离海轮，保险责任即告终止的是（　　）。

A. 新鲜柑橘　　B. 新鲜苦瓜
C. 活牛　　D. 活猪

5. 在进口贸易中，保险公司的保险责任只负责到卸货港的仓库或场地的保险货物是（　　）。

A. 散装货物　　B. 木材
C. 化肥　　D. 粮食

6. 进口商向海关提交的各种有效单据除提货单、发票外，还包括（　　）。

A. 装箱单　　B. 装货单或运单
C. 进口货物许可证　　D. 海关认为必须提交的其他有关证件

7. 进口环节海关代征的税种有（　　）。

A. 关税　　B. 产品税
C. 增值税　　D. 工商统一税

8. 进口索赔的对象是（　　）。

A. 银行　　B. 保险公司
C. 承运人　　D. 出口方

9. 买方为了在规定时效内对外提出索赔，凡属（　　）的货物，均应在卸货口岸就地报验。

A. 合同订明须在卸货港检验

B. 货到检验合格后付款

C. 合同规定索赔期限即将期满

D. 卸货时已发现残损短缺有异状

10. 在进口业务中，买方需向有关责任方提出索赔时，其进口索赔的期限分别是（　　）。

A. 如买卖合同中没有规定索赔期限，按《公约》规定，买方行使索赔权最长期限是自其实际收到货物之日起不超过 2 年

B. 向船公司索赔的期限为货物到达目的港交货后 1 年之内

C. 向保险公司提出海运货损索赔的期限为被保险货物在卸货港全部卸离海轮后 2 年内

D. 根据《中华人民共和国民法典》的规定，因国际货物买卖合同和技术进出口合同争议提起诉讼或申请仲裁的时效期间为四年

（四）判断题

1. 关于信用证的修改，开证行可依据申请人或受益人提交的信用证修改申请书受理该笔业务。（　　）

2. 国际贸易中的进口货物运输保险一般采用逐笔投保。（　　）

3. 当开证行对外付款后，即按照付款当天的外汇牌价折算成人民币向进口方索款交单，进口商买汇赎单。（　　）

4. 在进口业务中，对一些资信不很好的客户，在我方开出信用证之前，可要求对方出具保证履约的银行保证书，保证书的有效期可早于卖方履行义务的时限，其目的是防止对方欺骗。（　　）

5. 开证行、保兑行或其他指定银行各有一段合理时间审核单据，即不超过收到单据次日起的 21 个银行工作日。（　　）

6. 进口审单付款时，只要单证不符，银行任何时候都可停止对外付款。（　　）

7. 根据我国出入境检验检疫的有关规定，入境动植物的报检时限都规定为入境前 15 天。（　　）

8. 根据《UCP600》的规定，信用证经修改后，开证行即不可撤销地受该修改的约束。受益人收到修改通知后，原信用证的条款失效。（　　）

9. 凡未经海关放行的进口货物，任何单位和个人均不得提取或发运。（　　）

10. 进口货物超过法定申报时限 3 个月未向海关申报的，由海关提取变卖，所得价款全部上缴国库。（　　）

二、参考答案

（一）名词解释

1. 进口成本即供应商报价（进口可接受价）加各项进口费用，也就是进口合同价格加各项进口费用。用公式表示为：货物的进口成本 = 进口合同价格 + 进口费用

2. 进口商品盈亏额是指进口商品国内销售价格和进口总成本的差额。

3. 进口商品盈亏率是指该商品的进口盈亏额与进口总成本的比率。

（二）单项选择题

1. B。理由：银行开立信用证时，要求提交有关部门准许货物进口的批件和申请用汇得以批准的证明。

2. D。理由：根据国家规定，自动进口许可证有效期为6个月，公历年度内有效。有特殊原因需要延期的可按规定办理延期换证手续。

3. B。理由：在商品进出口贸易中，信用证的开证申请书由商品的买方即进口商填写后，向开证银行提出开证申请。

4. D。理由：信用证应在合同规定的交货期前一个月开抵卖方，以便卖方审核信用证及办理出口手续。

5. A。理由：我国外贸企业进口货物运输保险一般采用预约投保。

6. B。理由：信用证支付方式下的审单付款，一般情况下，审核进口货物单据的当事人是开证行与进口商。

7. D。理由：进口商审核单据时，以商业发票为中心，将其他单据与之对照，审核是否“单单一致、单证一致”。

8. A。理由：开证行在审查单据的过程中，通常要交进口企业复核，按我国习惯，如进口企业在3个工作日内没有提出异议，银行即按即期、远期汇票付汇或承兑或在延期付款信用证情况下对外承担到期付款责任。

9. C。理由：根据《海关法》的规定，进口货物的收货人或收货人的代理人在货物抵达卸货港后，即应向海关申报。法定申报时限为自运输工具申报进境之日起14天内，超过14天期限未向海关申报的，由海关按日征收进口货物CIF（或CIP）价格的0.05%的滞报金。

10. C。理由：在进口贸易中，进口关税的计算是以CIF术语为基础的。

（三）多项选择题

1. ABCD。理由：买方申请开立信用证的具体手续包括递交有关合同副本及附件、填写开证申请书、缴付保证金和支付开证手续费。

2. ABCD。理由：信用证的传递方式通常有信开、电开、快递和见电后随寄证实书四种，需要哪一种，就在开证申请书的相应栏内打“×”。

3. AC。理由：根据《2020年通则》的规定，FOB、CFR卖方不负责办理投保手续和支付保险费，因此，需要进口商自行办理保险并支付保险费。

4. ABCD。理由：根据《中国保险条款》规定，少数货物如新鲜果蔬、活牲畜于卸离海轮时，保险责任即告终止。

5. ABCD。理由：散装货物以及木材、化肥、粮食等货物，保险责任均至卸货港仓库或场地终止，并以货物卸离海轮60天为限，不实行国内转运期间保险责任的扩展。

6. ABCD。理由：进口方向海关提交的各种有效单据除提货单、发票外，还包括装箱单、装或单或运单、进口货物许可证、海关认为必须提交的其他有关证件。

7. BCD。理由：产品税、增值税和工商统一税是进口环节海关代征的三种税。其征收应按不同单位或不同进口货物的种类适用其中的一种。

8. BCD。理由：进口索赔的对象是保险公司、承运人和出口方。即当货物发生了保险公司承保范围内的损失时，被保险人可以持保险单向保险公司索赔；若货物的损失是承运人的疏忽或过失造成的，例如，货物数量少于提单所载数量，或在签发清洁提单情况下货物出现残损短缺，则进口方可凭有关的证据向承运人索赔；若货物的损失是卖方的疏忽或过失造成的，例如，原装短少和品质、规格与合同不符，则进口方可凭复验证明向出口方索赔。

9. ABCD。理由：对于合同规定在卸货港检验的货物，或卸货时已发现残损短缺有异状的货物，或合同规定的索赔期即将期满的货物，都需要在港口进行检验。

10. ABCD。理由：①如合同中没有规定索赔期限，按《公约》规定，买方行使索赔权最长期限是自其实际收到货物之日起不超过 2 年。根据《中华人民共和国民法典》第 594 条的规定，因国际货物买卖合同和技术进出口合同争议提起诉讼或者申请仲裁的时效期间为 4 年。②向船公司索赔的期限为货物到达目的港交货后 1 年之内。③向保险公司提出海运货损索赔的期限为被保险货物在卸货港全部卸离海轮后 2 年内。

（四）判断题

1. 错误。理由：信用证修改申请书必须由原信用证的申请人填写，并提交到原开证银行办理修改业务。所以，关于信用证的修改，开证行应依据申请人提交的信用证修改申请书受理该笔业务。

2. 错误。理由：进口货物一般由进口商预先与保险公司签订进口预约保险合同，并在保险中预先规定货物投保的险别、保险加成率、保险适用条款、保险费费率及赔款的支付办法。

3. 正确。理由：当开证行对外付款后，即按照付款当天的外汇牌价折算成人民币向进口方索款交单，进口商买汇赎单。

4. 错误。理由：银行保证书的有效期要晚于卖方履行义务的时限，否则有可能造成卖方尚未按时履行义务而银行保证书已经过期失效，银行不再承担任何责任而造成买方的损失。

5. 错误。理由：根据《UCP600》的规定，如果开证行或保兑行（如有的话）或其他指定银行决定拒绝接受单据，则必须在收到单据次日起的 7 个银行工作日以内，以电信方式或其他快捷方式，通知寄单银行或受益人（如单据由受益人直接向银行提交），并说明银行据以拒受单据的所有不符点，还须说明单据是否保留以待交单人处理，或退还交单人。

6. 错误。理由：根据《UCP600》的规定，如果开证行或保兑行（如有的话）或其他指定银行决定拒绝接受单据，则必须在收到单据次日起的 7 个银行工作日以内，以电信方式或其他快捷方式，通知寄单银行或受益人（如单据由受益人直接向银行提交），并说明银行据以拒受单据的所有不符点，还须说明单据是否保留以待交单人处理，或退还交单人。

7. 错误。理由：根据我国出入境检验检疫的有关规定：①输入微生物，人体组织，生物制品，血液及其制品或种畜、禽及其精液、胚胎、受精卵的，应当在入境前 30 天报检；②输入其他动物的，应当在入境前 15 天报检；③输入植物、种子、种苗及其他繁殖材料的，应当在入境前 7 天报检。

8. 错误。理由：根据《UCP600》的规定，受益人收到修改通知后，在受益人告知通知修改银行他接受修改之前，原信用证的条款对受益人仍具有约束力。如受益人未发出其接受或拒绝的通知而其提交的单据与原信用证的条款相符，则视为受益人已拒绝了该修改；但若提交的单据与经修改的信用证条款相符，则视为受益人已发出接受该修改的通知，从那时起，该信用证已被修改。

9. 正确。理由：凡未经海关放行的进口货物，任何单位和个人均不得提取或发运。

10. 错误。理由：进口货物超过法定申报时限 3 个月未向海关申报的，由海关提取变卖，所得价款在扣除运输、装卸、储存等费用和税款后尚有余款的，自货物变卖之日起 1 年内，经收货人申请予以发还。

第十一章 国际贸易方式

一、练习题

（一）名词解释

1. 经销　2. 包销　3. 独家代理
4. 拍卖　5. 对销贸易

（二）单项选择题

1. 包销协议实质上说是一份（　　）。
   A. 买卖合同　B. 代理合同
   C. 寄售合同　D. 拍卖合同
2. 下列贸易方式中，一般不以自己的名义与第三者签订合同的是（　　）。
   A. 独家经销　B. 代理
   C. 寄售　D. 拍卖
3. 国际贸易中的代理属于销售代理，代理商赚取的是（　　）。
   A. 商业利润　B. 佣金
   C. 销售差价　D. 折扣
4. 在国际贸易中，销售代理行为的委托授权采用（　　）。
   A. 行为形式　B. 口头形式
   C. 口头或书面形式　D. 签订代理协议形式
5. 在寄售协议下，货物的所有权在寄售地出售前属于（　　）。
   A. 代理人　B. 寄售人
   C. 代销人　D. 包销人
6. 下列属于拍卖特点的是（　　）。
   A. 卖主之间的竞争　B. 买主之间的竞争
   C. 买主与卖主之间的竞争　D. 拍卖行与拍卖行之间的竞争
7. 下列贸易方式中，属于竞卖方式的是（　　）。
   A. 拍卖　B. 招标与投标
   C. 寄售　D. 对购
8. 投标人发出的标书是一项（　　）。
   A. 不可撤销的发盘　B. 可撤销的发盘
   C. 可随时修改的发盘　D. 有条件的发盘

9. 来料加工和进料加工（　　）。
A. 均是一笔交易
B. 均是两笔交易
C. 前者是一笔交易，后者是两笔交易
D. 前者是两笔交易，后者是一笔交易

10. 下列不属于对销贸易的是（　　）。
A. 进料加工　B. 补偿贸易
C. 抵销贸易　D. 易货贸易

（三）多项选择题

1. 按贸易方式分，国际贸易可以分为（　　）等。
A. 一般贸易　B. 加工贸易
C. 补偿贸易　D. 易货贸易

2. 对独家代理与包销的说法正确的是（　　）。
A. 代理人与委托人之间为委托代理关系，而包销商与出口人之间为买卖关系
B. 代理人赚取的是佣金，包销商赚取的是商业利润
C. 两者专营权不同
D. 都属于逐笔售定贸易方式

3. 以下对寄售贸易方式的说法正确的是（　　）。
A. 寄售人可根据自己的意愿销售在途货物
B. 寄售贸易是典型的凭实物进行买卖的现货交易
C. 寄售人与代销人之间属于委托代售关系
D. 寄售货物在售出之前的一切费用和风险，均由寄售人承担

4. 拍卖的出价方法有（　　）。
A. 增价拍卖　B. 减价拍卖
C. 密封递价拍卖　D. 包销

5. 国际竞争性招标的做法有（　　）。
A. 公开招标　B. 选择性招标
C. 无限竞争性招标　D. 有限竞争性招标

6. 按国际惯例，出现（　　）的情况，招标人可拒绝全部投标。
A. 投标人未发出标书
B. 最低标价大大超过国际市场价格水平
C. 所有投标书内容与招标要求不符
D. 在国际竞争性招标中投标人数太少

7. 在招标与投标业务中，具有法律效力的业务程序是（　　）。
A. 招标　B. 投标
C. 开标　D. 中标签约

8. 补偿贸易的基本做法有（　　）。
A. 回购　B. 返销　C. 寄售　D. 混合抵偿

9. 加工贸易是一种加工再出口业务。它把加工和扩大出口、收取加工费收入结合起来。其主要做法有（　　）。

A. 来料加工　　B. 进料加工

C. 来件装配　　D. 补偿贸易

10. 在国际贸易中，较适合采用抵销贸易的商品是（　　）等。

A. 国防设备　　B. 航空设备

C. 计算机　　D. 宇航设备

（四）判断题

1. 政府采购物资，大部分采用非竞争性的招标方法。（　　）

2. 在经销方式下，生产厂家或供货商将产品直接卖给消费者，而没有中间商介入。（　　）

3. 采用独家经销方式时，在经销协议的期限内和指定的经销区域内，供货商只能指定一家经销商经营指定商品。（　　）

4. 独家代理在约定的地区和期限内，代理人拥有独家专营权。（　　）

5. 国际贸易中的商品大多通过拍卖进行交易。（　　）

6. 按国际惯例，若最低标价大大超过国际市场价格水平，招标人可拒绝全部投标。（　　）

7. 招标人发出的标书，在送达投标人时生效。（　　）

8. 为防止投标人在中标后不与招标人签约，招标人通常要求投标人提供投标保证函或投标保证金，如开标后，投标人未中标，招标人将保证金退还投标人。（　　）

9. 招标人在评标过程中，认为不能选定中标人，可以宣布招标失败而拒绝全部投标，这种行为称为拒绝投标。（　　）

10. 我某公司与外商洽商一笔补偿贸易，外商提出以信贷方式向我方提供一套设备，并表示愿意以被委托人的身份为我方代销商品，对此，我方可以同意。（　　）

（五）案例分析题

1. 某公司新研制一种产品，为打开产品的销路，公司决定将产品运往俄罗斯，采用寄售方式出售商品。在代售方出售商品后，我方收到对方的结算清单，其中包括商品在寄售前所支付有关费用的收据。问：寄售方式下，商品寄售前的有关费用应由谁承担？为什么？

2. 美国某公司与香港 A 公司签订一份独家代理协议，指定香港 A 公司为独家代理。在订立协议时，美国某公司正在试验改进现有产品的性能。不久美国某公司试验成功，并把这项改进后的同类产品，指定香港另一家公司作独家代理。问：美国某公司有无这种权利？为什么？

3. 某公司在拍卖行经竞买获得精美瓷器一批。在商品拍卖时，拍卖条件中规定：“买方对货物的过目与不过目，卖方对商品的品质概不负责。”该公司在将这批瓷器通过公司所属商行销售时，发现有部分瓷器出现网纹，严重影响这部分商品的销售。卖方因此向拍卖行提出索赔，却遭到拍卖行的拒绝。问：拍卖行的拒绝是否有道理？为什么？

二、参考答案

（一）名词解释

1. 经销是指出口商与国外经销商达成书面协议，在约定的经销期限和范围内，利用经销商就地推销某种商品的一种方式。经销可以分为一般经销和独家经销。

2. 包销是指出口人通过协议把某一种商品或某一类商品在某一地区和期限内的经营权单独给予某个客户或公司的一种做法。

3. 独家代理是指在指定地区和期限内，委托人给予代理人独家代理某项商品的权利的方式。

4. 拍卖是由专营拍卖业务的拍卖行接受货主的委托，在规定的时间和场所，按照一定的章程和规则，以公开叫价的方法，把货物卖给出价最高的买主。拍卖是一种公开竞买的贸易方式。

5. 对销贸易又称返销贸易、反向贸易或互抵贸易等，它是以货物或劳务、工业产权和专有技术等无形财产的进口和出口相结合并互为条件的贸易方式。对销贸易的基本形式可归纳为易货、互购、补偿贸易、抵销贸易等多种贸易方式。

（二）单项选择题

1. A。理由：包销协议是出口企业与其所授权的包销商规定双方的权利和义务，并从法律上确立双方关系的契约。包销商与出口企业之间的关系是买卖关系，包销商从出口企业处购进货物后，自行销售、自负盈亏、自担风险。

2. B。理由：代理是指代理人根据被代理人的授权或法律规定，以被代理人的名义实施民事法律行为，而行为的后果归属于被代理人。

3. B。理由：国际贸易中的代理属于销售代理，代理商赚取的是佣金。

4. D。理由：在国际贸易中，销售代理行为的委托授权必须签订代理协议以明确双方的权利与义务。

5. B。理由：寄售人与委托人之间属于委托代售关系，货物在出售之前，所有的风险都由寄售人承担，其所有权归寄售人所有，代销人只收取佣金。

6. B。理由：拍卖是一种典型的现货交易，它采用事先看货、当场叫价、落槌成交的做法。拍卖的特点有：①拍卖是在一定的机构内有组织地进行的；②拍卖具有自己独特的法律和规章；③拍卖是一种公开竞买的现货交易。

7. B。理由：招标与投标属于竞卖方式，拍卖属于竞买方式，寄售属于委托代售，对购由买卖双方互为买主和卖主。

8. A。理由：投标没有讨价还价的余地，投标人发出的标书不能随意撤销。

9. C。理由：来料加工通过一份合同完成货物的进出，是一笔交易；进料加工是通过两份合同，第一份合同购进原料，第二份合同销售产品，因而是两笔交易。

10. A。理由：进料加工属于加工贸易的范畴。

（三）多项选择题

1. ABCD。理由：国际贸易按贸易方式可以分为一般贸易、加工贸易、补偿贸易、援助捐赠、设备投资、易货贸易。

2. ABC。理由：在独家代理方式下，出口企业是委托人，独家代理商是代理人，出口企业和独家代理商之间的关系是委托代理关系，独家代理商不负盈亏，不承担货价涨落的风险，只收取佣金。

3. ABCD。理由：寄售是指委托人（货主）先将货物运往寄售地，委托国外一个代销人（委托人），按照寄售协议规定的条件，由代销人代替货主进行销售，在货物出售后，由代销人向货主结算货款的一种贸易做法。寄售的特点：①凭实物进行买卖的现货交易；②寄售人与代销人之间是委托代售关系，而非买卖关系；③货物售出前的一切费用和风险，均由寄售人承担。

4. ABC。理由：拍卖的出价方法有：①增价拍卖；②减价拍卖；③密封递价拍卖。

5. ABCD。理由：国际竞争性招标主要有公开招标、选择性招标、无限竞争性招标、有限竞争性招标。

6. BCD。理由：按照国际惯例，如果出现所有标价都大大超过国际市场的平均水平，或是全部投标书与招标文件要求不符，或是只有个别厂商投标，缺乏竞争性等情况，招标人可拒绝全部投标。

7. BD。理由：一次具体的招标通常要经过招标、投标、评标、中标签约四个阶段。但具有法律效力的是投标和中标签约。

8. ABD。理由：补偿贸易的基本做法有回购、返销和混合抵偿三种。

9. ABC。理由：加工贸易是一种加工再出口业务。它把加工和扩大出口、收取加工费收入结合起来。其主要做法有来料加工、进料加工和来件装配。

10. ABCD。理由：在国际贸易中，较适合采用抵销贸易的商品是国防设备、航空设备、计算机、宇航设备和信息交流设备等。

（四）判断题

1. 错误。理由：政府采购，一般采用竞争性的招标方法。

2. 错误。理由：经销是相对直销而言的。在经销方式下，产品从生产厂家到消费者手中至少要有一家中间商介入。

3. 正确。理由：采用独家经销方式时，在经销协议的期限内和指定的经销区域内，供货商只能指定一家经销商经营指定商品。也就是说，这种经销商享有排他性的经营权。

4. 正确。理由：独家代理是指代理人在约定地区和一定期限内，单独代表委托人从事代理协议中规定的有关业务。委托人在该地区和协议期限内，不得再委派第二人代理同样的业务。因此，代理人在规定地区和一定期限内享有独家专营权。

5. 错误。理由：以拍卖方式进入国际市场的商品，大多为品质不易标准化、易腐烂不耐储存、生产厂家众多、产地分散或需要经过较多环节才能集中到中心市场上进行交易的商品，如羊毛、毛皮、茶叶、烟草、蔬菜、水果、古玩工艺品等。

6. 正确。理由：按国际惯例，出现以下情况，招标人可拒绝全部投标：①最低标价大大超过国际市场价格水平；②所有投标书内容与招标要求不符；③在国际竞争性招标中投标人数太少。

7. 正确。理由：按照规定，招标人发出的标书，在送达投标人时生效。

8. 正确。理由：为了防止投标人在投标后撤销投标，或中标后拒不签订合同，招标人通常要求投标人在投标时提供投标保证金。投标保证金可以交纳现金，也可以提供银行出具的保证书或备用信用证。如开标后，投标人未中标，招标人将保证金退还投标人。

9. 正确。理由：按照国际惯例，如果出现所有标价都大大超过国际市场的平均水平，或是全部投标书与招标文件要求不符，或是只有个别厂商投标，缺乏竞争性等情况，招标人可拒绝全部投标。

10. 错误。理由：我方须承担商品销不出去的风险。应由我方提供商品补偿外商的设备，外商负责商品的销售。

（五）案例分析题

1. 答：在寄售方式下，商品寄售前的有关费用应由寄售人（即我方）承担。寄售方式的特点是：①寄售是凭实物进行买卖的现货交易；②寄售是一种先出运后成交的贸易方式；③寄售人与委托人之间属于委托代售关系；④货物出售以前的所有风险，由寄售人承担。因而，寄售费用应由我方承担。

2. 答：美国公司无这种权利。独家代理是指在指定地区和期限内，委托人给予代理人独家代理某项商品权利的方式。委托人在指定地区内，不得委托其他代理人。委托人在特定地区和一定期限内享有代销指定商品的专营权。本案中，美国某公司经改进后的商品与指定商品仍为同类商品，所以，美国某公司应将该商品的经营权给予香港A公司，而无权将该商品的经营权给予其他公司。

3. 答：拍卖行的拒绝是无道理的。一般来说，在拍卖业务中，拍卖后，对于用通常的查验手段即可发现的货物缺陷，拍卖行是不负责任的，但对于凭借一般查验手段不能发现的质量问题，拍卖行还是允许买主提出索赔的。本案中，竞买得主在将竞得商品——精美瓷器通过公司所属商行销售时，发现有部分瓷器有网纹，这些网纹在拍卖时，竞买者是无法用一般查验手段发现的，因而，拍卖行不能拒绝理赔。

参考文献

1. 黎孝先，等．国际贸易实务［M］．北京：对外贸易教育出版社，1994.

2. 吴百福．进出口贸易实务教程［M］．修订本．上海：上海人民出版社，1999.

3. 罗来仪，李乃军．对外贸易业务问题集解［M］．3 版．北京：对外经济贸易大学出版社，2001.

4. 安民．国际经济贸易理论与实务［M］．北京：对外经济贸易大学出版社，2001.

5. 全国国际商务专业人员职业资格考试指定用书编委会．国际商务基础理论与实务［M］．北京：中国对外经济贸易出版社，2003.

6. 外经贸部人事教育劳动司．国际经济贸易题解：外经贸理论与业务考试指南［M］．北京：中国对外经济贸易出版社，1994.

7. 李振琦．进出口业务 100 例［M］．北京：对外贸易教育出版社，1988.

8. 袁永友，柏望生．国际贸易实务案例评析［M］．武汉：湖北人民出版社，1999.

9. 陈国武．进出口业务三百题［M］．北京：中国对外经济贸易出版社，1988.

10. 全国外销员统考外贸综合业务问答编写组．全国外销员统考外贸综合业务问答［M］．北京：对外贸易教育出版社，1989.

11. 余世明．国际商务单证实务［M］．8 版．广州：暨南大学出版社，2020.

12. 余世明．国际贸易实务及案例［M］．广州：暨南大学出版社，2020.

13. 余世明．国际贸易实务练习题及分析解答［M］．2 版．广州：暨南大学出版社，2009.

14. 余世明．新编国际商务单证实务练习题及分析解答［M］．广州：暨南大学出版社，2022.

15. 国际商会．跟单信用证统一惯例——2007 年修订本，国际商会第 600 号出版物［S］.

16. 国际商会．国际贸易术语解释通则® 2020［S］.